教师的语言力

［日］三好真史 ◎著　　刘琳 ◎译

北京科学技术出版社

KYOSHI NO KOTOBA-KAKE TAIZEN

Copyright © 2020 Shinji Miyoshi

Chinese translation rights in simplified characters arranged with Toyokan
Publishing Co. Ltd.

through Japan UNI Agency, Inc., Tokyo

Chinese (Simplified Character only) translation rights © 2021 Beijing Science and
Technology Publishing Co., Ltd.

All rights reserved.

著作权合同登记号　图字：01—2020—7725

图书在版编目（CIP）数据

教师的语言力 /（日）三好真史著；刘琳译 . —北
京：北京科学技术出版社，2021.5（2023.7 重印）
ISBN 978-7-5714-1452-8

Ⅰ . ①教… Ⅱ . ①三… ②刘… Ⅲ . ①教师—语言艺
术 Ⅳ . ① G42

中国版本图书馆 CIP 数据核字 (2021) 第 026139 号

策划编辑：唱 怡	电　话：0086-10-66135495（总编室）
责任编辑：蔡芸菲	0086-10-66113227（发行部）
责任校对：贾 荣	网　址：www.bkydw.cn
图文制作：创世禧	印　刷：三河市国新印装有限公司
责任印制：吕 越	开　本：889mm×1194mm　1/32
出 版 人：曾庆宇	字　数：106 千字
出版发行：北京科学技术出版社	印　张：8.625
社　　址：北京西直门南大街 16 号	版　次：2021 年 5 月第 1 版
邮政编码：100035	印　次：2023 年 7 月第 16 次印刷
ISBN 978-7-5714-1452-8	

定　价：55.00 元

目　录

序 章

普通的教师传授知识，较好的教师讲解知识，优秀的教师演示知识，卓越的教师激励学生去学习知识。（威廉·亚瑟·沃德）

教师讲课不能仅凭感觉，而是要把语言技巧当作一门技能。

到目前为止，教育的技巧和方法仍未实现清晰明确的体系化，本书将对此进行说明。

本书是有关教师语言技巧的教科书，内容新颖，全面涵盖了教导学生所需的相关语言技巧。

与之相比，此前同类书的内容多为"某种情况下要使用某种特定的语言"。例如，"对于迟到的学生，要严格地提醒他们""对于坚持自己想法的学生，要认真地倾听他们"等等。

本书否定了这种简单的场景与语言对应的模式。

之所以否定以上模式是因为考虑到学生和教师的性格以及师生关系等因素，"这样说就能很好地教导学生"这种固定的模式实际上并不存在。

即便使用这种固定的语言模式可以在某种情况下对学生进行指导，但如果类似的情况再次发生，教师应该如何与学生沟通呢？

如果在相同的场景下每次都使用同样的语言，学生就会产生这样的想法："老师之前也说过类似的话。"因此，这种固定的语言模式是行不通的。

也就是说，教师不必学习仅适用于某些特定情况的固定语言模式，我们希望教师能够掌握一些语言运用的技巧，在教导学生时，可以根据具体情况使用最恰当的语言。

> 教师的语言运用能力是可以通过学习来掌握的。

大家身边有没有能够准确地揣摩学生心理的教师呢？

学生在与这样的教师交流后，通常会变得干劲十足，连目光都显得炯炯有神。

每所学校里都有这种卓越的教师。

如果我们不仔细分析为何这样的教师能够出色地指导学生，就只能将原因简单地归结为他们拥有过人的灵感、才能和天赋。但如果对这些教师所使用的语言进行分类和总结，我们就会发现其中含有很多技巧。在教导学生时，他们往往能够将这些技巧巧妙地结合在一起使用。

本书从心理咨询和指导、阿德勒心理学、应用行为分析、交流分析、激励话语等角度对这些语言技巧进行了分析整理，并在相关理论的基础上总结出了任何教师都可以运用的内容。

本书的目标是让所有的教师都能在适当的时机使用恰当的语言。

普通的教师会在本书中发现很多新颖的语言运用技巧，以便学习和了解教导学生所需的语言技巧。

对于卓越的教师而言，阅读本书能够重新审视自己的语言技巧，并认识到恰当地运用这些技巧其实是一种能力。

本书中有大量的例句，但并不意味着只要牢记这些固定表达就可以了，我们也不鼓励教师只背诵固定表达。

虽然有些表达可以重复使用，但它们并非"某种情况下如何说"的正确答案。请大家参考书中的例句，将其灵活应用到实际场景中。

语言具有力量。

如果教师能够拥有语言的力量，就可以给学生带来勇气，激励学生发挥出他们的能力。

让我们以成为能够激励学生去学习知识的卓越的教师为目标而努力吧。

本书的使用方法

　　本书将教导学生的语言分为"表扬""批评""提问""鼓励""反向激励"5 种类型。根据每种类型的具体场景分别介绍了教师可以应用的 10 种方法，并加入了案例研究与要点总结。本书的内容可以简单地总结如下：

---

　　①介绍了教导的 5 种类型。

　　②讲解每种教导类型语言的要点与提升方法。

　　③应用方法前的事例（典型的对话场景）。

　　④事例分析，学习方法的要点。

　　⑤应用方法后的事例（展示应用方法后改善
　　　的对话场景）。

　　⑥每种方法的详细讲解。

　　本书将方法分为"推荐使用的方法""不要使用的方法"两大类。读者可以利用书后所附的表格迅速定位自己已经掌握的方法以及还未掌握的方法，这样实践起来效果更好。

　　本书共有 50 种具体的方法，教师没有必要完全掌握它们，可以从还未掌握的方法中选择想要尝试的内容，然后用心尝试并不断检验方法的有效性。这样教师能够运用的有效语言就会不断增加，就可以逐渐应对各种教学情况了。

教师针对学生使用的教导语言需要通过实践来完善。因此，只学习书本中的知识是远远不够的。

通过读书来学习教导语言就像是在书中学习棒球全垒打的方法。即使知道怎么打，如果不实际练习的话也无法打好。同样的道理，教师需要在学习本书的内容后，经过大量的实践才能掌握这些方法。

当教师能够把书中的方法应用到实践中，并且养成习惯时，本书的学习才能算结束。也就是说，在阅读本书期间，以及读完本书之后，教师都应该处于学习的过程中。

教导的技术 1：语言是连通心灵的桥梁

　　语言运用技巧对于教育是必要的吗？

　　通常人们普遍认为教师只要上好课就可以了。但是如果教师不说话就无法进行教学活动吗？

　　让我们看看以下例子。

Before(以前)────────────────────

　师：我们练习写一下今天新学的汉字，注意汉字的顿笔、撇、捺。

　生：(写好了。好像写得还不错呀。老师走过来了，他会说什么呢？)

　师：(什么都没说就走过去了。)

　生：(嗯？)

　师：好，我们来练习下一个汉字吧。

　生：(我写得怎么样？不行吗？)

────────────────────

如果教师只是单纯地传授知识，也许就没有运用语言技巧的必要了，就像播放录像的教学一样，只需要单方面地传授就可以了。但如果是以教育学生为目标的话，掌握教导语言的运用技巧就必不可少。

　　在西方流传着这样一则逸闻。

　　欧洲有一位名叫弗里德里希·弗朗茨二世的皇帝，他进行过各种与人相关的实验。其中，他所一直关注的一点是"没有接受过语言指导的孩子会怎样说话呢"？

　　他对于婴儿学会说话的过程很好奇，于是找来了50个婴儿进行研究。

　　在实验中他要求母亲或护士在照顾婴儿时要采用"不对视、不微笑、不说话"的方式，此外还要避免与婴儿发生任何身体接触。但是，最终这个实验失败了。照料者虽然给婴儿喂了足够多的牛奶，但这些孩子还是一个接一个地死去了。

　　由这个故事可知，在人的成长过程中，必须要与他人产生一定的联系。就像生物如果没有水就无法生存一样，人如果与他人没有联系也同样无法生存。

　　如果你对别人说"早上好"，对方通常也会回应你。当孩子哭泣时，父母通常会紧紧抱住并安慰孩子。当教师用了几周时间准备好资料时，校长会对教师说："辛苦了。"

这种人与人之间的互动，在交流分析理论中被称为安抚。安抚原本是指触碰、抚摸等身体接触（刺激），但是在交流分析理论中指的是伴随着人的发展而产生的认同对方存在的行动。

就像身体的成长发育需要蛋白质和维生素等营养物质一样，心灵也同样需要营养，而安抚就是心灵的营养。

班级里的学生同样也需要教师的安抚，因此，为了促进学生的良好发展，教师必须掌握一些语言技巧。

尽量在教育活动中多运用一些教导语言的技巧吧。富有温情的语言可以安抚心灵，促进学生身心健康。

After（之后）

师：我们练习写一下今天新学的汉字，注意汉字的顿笔、撇、捺。

生：（写好了。好像写得还不错呀。）

师：呀，写得不错！大家看看 A 同学写的字！

学生们：真的啊。好厉害！

生：（获得了大家的称赞好开心啊！继续努力！）

教导的技术 2：描绘出理想形象

在一个学年结束时，各个班级会发生很大的变化。在不同班主任的影响下，班级最终会形成不同的氛围。对此，大家会觉得有些不可思议吗？

在上一年度分班时，通常会综合人际关系和学习能力等各种要素，尽量进行平均分配。尽管如此，当一个学年结束时，由于班主任不同，各个班的氛围也会大不相同，但教学大纲对于授课内容有着明确的规定，因此在教学方面不会有太大的差异。

究竟是什么导致这些班级出现了差异呢？

那是因为不同教师所设想出的学生的理想形象不尽相同。因此，即使遇到完全相同的情况，不同教师所使用的教导语言也会大不相同。

我们看看以下例子。

Before（以前）

（早会上）

😐 师：先点一下名。A。

😑 生：到……（反应慢。）

😐 师：B。

👧 生：到！

😐 师：C。

😟 生：到……（声音很小。）

　　上面例子中的教师并非不负责任，而只是没有留意学生的状态。

　　如果这位教师的脑海中有"当被老师叫到名字时就要积极地应答"这样的理想形象，他就会在意 A 学生的应答，并且考虑如何把 B 学生的应答作为示范展示给大家。没有对于学生的理想形象进行过设想的教师，就会忽略学生在表现上的细微差别。

　　教师之所以没有注意到学生的不同应答状态，是因为脑海中没有产生对于应答的"理想形象"。

　　"希望学生在一个学年之后具备什么能力？""希望他们能做什么事情？达到何种程度？"教师需要在脑海中描绘出对于学生的具体期望。如果无法描绘出这些形象的话，就无法对学生的行为做出评价。即便是做出了一些评价，也只不过是根据当时情况而做出的随意点评，并不能将其长期应用于今后的教学活动中。如果一直采用这种不当方式，学生就会感到："老师以前说过的话和现在说的似乎不太一样了……"

教师的脑海中如果没有理想形象，就无法对学生进行有针对性的教导，长此以往学生就会失去成长的机会。

例如，从到校后到上课前的这一段时间内，学生应该做些什么呢？让我们来描绘出一个理想形象吧。

（1）早上到学校后和同学们打招呼。

如果教师的脑海中具备了这样的理想形象，他们就会留意哪些学生打了招呼，然后就可以这样表扬："今天Ａ同学主动和同学们打招呼了！"

（2）交作业的时候，要把作业本对齐。

如果教师在脑海中描绘出了这样的理想形象，就会注意作业的提交方法。教师可以提出这样的问题："大家有没有想过交作业时要注意些什么呢？"并在提问后给予指导。

教师在脑海中描绘出了理想形象，这就如同是在头脑中安装了一个传感器。传感器发挥作用，因此就有相应的语言被表述出来。

教师长期进行这种指导，就会使学生不断进步。这样也就逐渐形成了各个班级的不同氛围。所以，重点是"教师要在脑海中描绘出理想形象"。

学生在学校的每时每刻都是在接受教育。每个时间段对于学生要有怎样的要求呢？教师的脑海中需要有清晰的理想形象。

比如，我的脑海中有一些对于学生理想形象的设想：

- 学生们能够自觉地排好队形。
- 遗失物品时，自己告诉老师。
- 当老师问："谁可以读一下？"大家都能举手。
- 认真地练习朗读。
- 认真地写字。
- 做大量的书写练习。
- 主动和他人打招呼。
- 如果时间允许，能够做好自己的事情。
- 能在全体同学面前自信地发言。
- 不浪费食物。

教师可以将这些设想全部写在纸上，然后在笔记本或电脑上分条列出。整理好之后将写着这些内容的纸贴在笔记本上或墙壁上，尽量贴在最容易看到的地方。

语言的表述需要瞬间爆发力。很多教师的想法是"我要在仔细观察学生的行为后再进行指导"，而实际在多数情况下，教师并没有充足的时间仔细考虑。如果教师在平日经常浏览关于学生理想形象的清单，当需要对学生进行教导时，恰当的教导语言就能够脱口而出了。

教师描绘理想形象的目的就是先在脑海中构想出要培养什么样的学生、组建什么样的班集体。教师的脑海中是否存在学生的理想形象是决定班级成长、班级氛围的关键因素。

现在就试着写出你脑海中学生的理想形象吧。首先，请按照下面方框中所列出的各个场景写出 5 项设想，无论多么琐碎的内容都可以。

- 上学
- 核对作业
- 讨论
- 打扫

- 早会
- 上课
- 课堂展示
- 放学

- 听老师讲话时的状态
- 休息时间
- 用餐时间
- 班会

After（之后）

师：先点一下名。A。

生：到……

师：B。

生：到！

师：谁注意到了 B 的应答有什么不同吗？

生：回答得清晰响亮。

师：对。当被点名时，如果能像 B 那样回答得响亮干脆就好了。

教导的技术 3：抱有理想，降低期望

　　教师在脑海中设定学生的理想形象时，要尽量做到高标准。教师通过对学生的理想形象的描绘，可以逐步形成语言的传感器。但需要注意的是在抱有理想形象的同时，也要做好"学生做不到也没关系"的心理准备。这看上去似乎有些前后矛盾。对此，我将通过以下例子来说明。

Scene（场景）

（当教师的理想形象设定得非常高时）

　师：谁能回答这个问题？

　生：……

　师：什么？只有 3 个人举手吗？

　生：……

　师：这样的问题都回答不了吗？怎么回事？答案不是已经写出来了吗？只是按照答案回答一下就好了啊。

　生：……

师：你们已经五年级了！这样的简单问题都不敢回答，以后怎么办呢？

生：……（这种情形下怎么可能举手呢？）

这位教师的脑海中所描绘的是"全班同学都举手回答问题"的理想形象。正因为如此，他看到了理想和现实之间的差距。

于是教师产生了焦虑的情绪，他认为"必须要采取一些措施了"，因此也就说了给学生带来压迫感的话。

教师在教导学生上的确需要拥有较高理想，但如果教师对学生的要求过于理想化的话，就只会关注学生做不到的事情，而且也就看不到学生的努力了。

教导语言的内涵并不是教师信心满满就能够准确地传达给学生的。这与拔苗助长的行为相同。连根拔起的行为最终反而会导致植物枯死。学生的成长需要教师的宽容和耐心等待。

教师如果想要通过语言来向学生传达自己的想法，首先就要抱有"学生做不到也没关系"的心态，只有这样才能从容不迫地教导学生。

当然，如果教师总想着"学生做不到也没关系"也是不可取的。这样就等于是对学生的放任。宽容对待与高标准要求都是必要的。

对学生要高标准、严要求，但有时也要适当降低期望。

教师最好抱有"要努力教导好学生，但有时也不能苛求"的心态。教师在对学生抱有期待的同时，也要从容不迫，这样才能够充分地发挥教导语言的作用。

After（之后）

（教师对学生抱有期待，同时具备"学生做不到也没关系"的心态）

师：谁能回答这个问题？

生：……

师：哦，不错啊！有3位同学已经有自己的答案了。

生：（那些同学被表扬了！）

师：其他人一定也有了答案，但是却没有勇气举手。举手回答问题对大家来说很难吧？老师上学的时候也和你们一样，所以我能理解。

生：……（老师曾经也没有勇气举手啊。）

师：但是，勇于挑战和轻易放弃，哪种态度能够促使我们进步呢？当然还是挑战一下比较好吧。今天做不到的人，如果明天能够勇敢地回答问题也很好。

生：（……是啊，今天还是不行啊，明天努力试试吧！）

教导的技术4：多种模式的教导语言

　　如果教师在头脑中已经明确了对学生的要求，就可以进入下一个阶段了，即提高教师的语言表达水平。如果语言运用能力得到提高的话，就可以根据不同的情况灵活地与学生沟通了。让我们来看看以下例子。

Scene（场景）

师：早上好。

生：……

师：等一下。

生：嗯？

师：为什么不打招呼？还要提醒你多少次才能记住？之前已经告诉过你要主动打招呼了吧？

生：是的……（一大早就被骂了！真是讨厌啊。）

　　教导学生时，最简单的就是上述例子中的"直接传达"法。教师想让学生主动打招呼时就说："你要主动打招呼。"这样的教导语言只是用简单的一句话就将想法传达给了学

生。但如果仅凭这样的一句话就能令学生听从的话，许多教育问题也就不会产生了。

　　这种仅仅是把想说的话直接传达给对方的方法是最初级的。如果教师想提高语言运用水平，就要注意不应简单直接地说教。比如，如果教师想要表达的是甲，可以先将其婉转地表达为乙。

　　可以先给自己设定以上的规则，不断练习，慢慢地就能够感受到自己的语言运用水平有所提升。教师往往以不同的方式与学生进行沟通，其语言大致可以分为以下5类。

模式 1：表扬

师：早上好。

生：早上……好。

师：你能主动打招呼了，有进步啊！

生：……（一大早开始心情就不错呀。）

模式 2：批评

师：今天在校门口有人在观察大家，你们已经能主动地和家人、老师打招呼了吗？

生：可以了。

师：还没做到的同学请站起来。

生：……（有几个人站了起来。）

师：打招呼是人际关系的基本。在日本，人与人之间打招呼时总会鞠躬，以此来表示对对方的尊重。而欧美人打招呼的方式是握手，最初这是为了证明自己并没有带武器。实际上早期的打招呼是为了向对方传达"我不是你的敌人，而是你的朋友"。

生：（原来是这样啊。）

师：因此，不和对方打招呼是非常失礼的。

模式3：提问

师：同学们回想一下今天有没有好好与别人打招呼，用手指来跟着老师数一下。

生：好的。

师：出门的时候和家人说"我先走了"。

生：（得了1分！）

师：主动和同学打招呼。

生：（2分！）

师：主动和老师打招呼。

生：（3分！）

师：进教室的时候，主动打招呼。

生：（糟了，这个没做！）

师：得了几分？

生：……3分。

师：明天要注意什么呢？

生：我要变得能够主动向所有关心我的人和整个教室中的人打招呼。

模式 4：鼓励

师：今天谁主动同别人打招呼了？

生：我！

师：谁没有主动打招呼呢？

生：我……

师：我非常理解那些还做不到的同学，因为老师上学时和你们一样。曾经被非常严厉的老师训斥："要主动和别人打招呼！"之后我才勉勉强强能做到。

生：（原来老师也和我们一样啊。）

师：因为大家一直坚持主动打招呼，学校的氛围也因此逐渐变得积极向上。我也慢慢了解到主动同他人打招呼的重要性，直到现在我仍然保持着这个习惯。

生：原来如此。

师：明天大家都试着主动和别人打招呼吧，没关系，慢慢来。

生：好的。（是这样啊，那我也试试吧！）

模式 5：反向激励

（学生默默地走过教室门前时）

师：……咦？

生：……啊？

师：通常这个时候要说些什么吧？

生：啊，对了！早上好！

师：早上好。做得不错。

　　如上例所示，即使是教导学生"要主动打招呼"这样的一个场景，也可以以 5 种方式来与学生沟通。

　　无论以哪种方式沟通，都有很多技巧可以应用。阅读本书后，你就会了解到教师可以运用的语言很丰富。

　　"不要把想法直接地传达给学生。"教师可以把这句话当作语言的使用规则来提醒自己。学会运用多种表述方式是提高语言运用水平的第一步。

教导的技术 5：改变教导语言的使用对象

小学教师常说："越是高年级的学生越难以表扬。"
想要表扬某个学生，有时却会招致学生的反感。
让我们来看看以下例子。

Before(以前)——————————————————

师：A 同学在离开座位的时候做得非常好，她一定会
把椅子放好后再离开。非常有礼貌。

生：（哎呀，不要说出我的名字，真让人难为情……）

师：注重细节有一天会成为你的优势，真不错。

生：（同学们似乎都用异样的目光看着我……）

师：大家也要向 A 同学学习啊。

生：（够了，放过我吧！）

————————————————————————————

在上例中，教师表扬了某一个学生并引起了其他学生
对该生的关注。而这种表扬很容易让受表扬的学生产生不
快，也会使整个班级的气氛变得不自然，所以教师应尽量
避免采用类似的表扬方式。

教师需要用心思考教导语言的使用对象。

教导语言的对象有 3 种，即个人、团体、全体。

如果教师不想让某一个学生成为被关注的焦点而感到尴尬，就可以选择单独和这个学生交谈。这样，这个学生就不必在意其他同学的看法了。在同时面对许多学生时，教师最好将所有学生都囊括到话题中。

教师在教导学生时，首先要正确判断出将谁作为教导对象是有效的，然后再考虑如何使用恰当的教导语言。

个人（教导的时机）

• 早上打招呼时

• 擦肩而过时

• 在全体学生面前提出问题时

• 走到每位学生的桌前巡视时

团体

• 校车

• 班级

• 负责人、值日生

全体

• 全班

• 全年级

• 全校

After（之后）

师：第一组同学都能把椅子放好后再离开座位，做得太棒了。

生：（哇，得到老师的称赞了。）

师：注重细节一定会使大家更加优秀的。

生：（这是大家能够相互提醒的结果！）

师：大家也要向第一组同学学习啊。

生：（好的，加油！）

团体　　个人　　全体

皮格马利翁效应

你有没有在教师的办公室里听到过如下对话？

"这些学生是真的不行啊。如果是去年教的那些学生，这种难度的题目是没有问题的……"

"是不行啊。这些学生们啊……"

我不喜欢这种议论。如果教师在开始时不相信学生的能力，就会给教育带来负面影响。正如"皮格马利翁效应"所揭示的一样。

古希腊神话中有这样一个故事。国王皮格马利翁一直希望自己爱慕的女性雕像能变成真人。

最终，爱神阿芙洛狄忒满足了他的愿望，将雕像变成了真人。

人们从皮格马利翁的故事中总结出了皮格马利翁效应：来自他人的期望和赞美能使结果朝着所期望的方向变化。

美国教育心理学家罗伯特·罗森塔尔在 20 世纪 60 年代通过实验证实了皮格马利翁效应。在实验中罗森塔尔将学生分成 A、B 两个小组，并分别将老鼠分给每组的学生，让他们训练老鼠走出迷宫。

　　分配老鼠时，罗森塔尔对 A 组的学生说："这组老鼠是接受了基因重组的非常聪明的老鼠。"而对 B 组的学生说："这组老鼠是在街上捕捉的随处可见的普通老鼠。"但实际上，"非常聪明的老鼠"一说完全是谎言。A、B 两组学生的老鼠都是在街上捕捉的随处可见的普通老鼠。

　　虽然是同样的老鼠，但由于实验前的说明不同，导致 A 组的"非常聪明的老鼠"与 B 组的"极其普通的老鼠"的实验结果产生了巨大差异。A 组老鼠走出迷宫的能力明显高于 B 组老鼠。

　　产生这种结果的原因在于学生对老鼠抱有的期待不同。A 组学生认为"这是特别聪明的老鼠"，所以即使老鼠出错也会耐心地坚持训练。而 B 组学生从实验之初就对老鼠不抱有任何期待，如果老鼠出错，学生们就会认为"这些老鼠果然是不行啊"。原本它们就太平庸了，因此出错是必然的，无论对它们进行怎样的训练，它们都不可能顺利地走出迷宫。

　　在教师对待学生的态度这件事上，道理与上述事例相同。如果最初就对学生抱有放弃的态度，那么又何谈促进学生的成长与进步呢？

　　教师工作的目的是什么呢？当然是为了教育学生。育人是教师的本职工作，期待学生天生就具有良好的素质是没有道理的。学生在某些方面的能力有所欠缺，恰恰为展现教师的教育能力提供了机会！只有遇到这样的机会，对学生的欠缺之处进行训练才能促使他们提高。

教师在教导学生时至少要坚信："这些学生都是天才，他们一定会进步。"

我认为相信学生的能力是教师必备的理念之一。

- **表扬**
- 提问
- 批评
- 鼓励
- 反向激励

第一章

表扬的语言

何谓表扬的语言

受到表扬是令人高兴的事，它意味着得到他人的认可。这会在学生们的心中点亮希望之光。

几乎没有哪位教师从未表扬过学生。表扬可以说是师生交流的基础，学生受到教师的表扬会非常开心。正因为受到表扬，学生才会重复某种行为，这被称为强化。学生在学校生活中会不断地得到方方面面的强化，从而获得成长。

我认为，教师所运用的所有教导语言最终都会与表扬的语言产生联系。在批评学生后就要表扬，如果批评之后什么都不做的话就会伤害学生。同样，提问之后需要表扬，鼓励之后也需要表扬，反向激励之后还需要表扬。无论对学生进行何种教导之后都别忘记表扬，以此来促使学生抱有积极向上的态度。

批评

"这种态度可以吗？"

（之后）"有进步！"

提问

"接下来该怎么办呢？"

（之后）"比以前好多了！"

鼓励

"努力做的话，一定能做到！"

（之后）"做到了，非常好！"

反向激励

"我觉得这个你们是做不到的……"

（之后）"哇，竟然做到了。好厉害啊！"

表扬的语言的要点

表扬具有极大的安抚作用，教师都希望通过表扬学生来最大限度地发挥安抚作用。那么，什么样的表扬方法比较有效呢？

让我们来看看下面的例子吧。

Before(以前)

师：(最近有必要表扬学生了……对了！)

　　A 同学，昨天你计算得真快啊！

生：啊？

师：是昨天课上的事，最近你很努力呀。

生：啊……

师：保持这个状态，继续努力啊。

生：……(什么啊，真没劲……)

表扬学生时应避免使用恭维、奉承的表达方式。学生的情感非常丰富，他们能听出来那是不是老师的真心话。因此教师不能不假思索地表达出赞美之辞。在表扬时，要注意以下 3 个要点。

1. 立即表扬

第一个要点是表扬的语言是需要在当场"迅速地"传达给对方的。

比如，教师对学生说："昨天你的坐姿非常好。"此时学生已经很难回想起昨天的坐姿是什么样了。但如果教师看到学生坐姿好就立即夸奖："你的坐姿真不错！"这样学生就容易理解了。

表扬的语言是有"保质期"的。行为心理学的理论指出，60 秒之内的表扬是有效的，60 秒后就会错失表扬的机会，因此教师要抓住这个机会。如果你发现学生有好的表现时，请立即表扬。

2. 多表扬

教师应尽量多表扬学生。有些教师在表扬学生之前会有一些顾虑："如果表扬，气氛会不会有些尴尬……"之所以会产生这些顾虑是因为在表扬方面做得还不够。这就好比是从 0 到 1 很难，但从 10 变成 20 或 30 却并不是什么难事。

教师如果注意到学生优秀的一面，最初可以每次都表扬。不要视而不见，要尽量表扬学生的所有优点。

每学期伊始，教师要尽可能地多表扬学生。在这期间，最好保持一定的不规则性。当学生有两次表现优秀时，只表扬其中的一次，或三次当中只表扬一次……像这样，在每次表扬之间保持一定的间隔。这种方式可以促使学生将良好的习惯保持下去。

3.3 项内容相结合

将语言、接触、奖励结合起来，可以进一步提升表扬的效果。所谓接触，是指拍拍肩膀、相互击掌等身体接触。伴有这些身体接触，成功的体验就更容易被留存在记忆中（但是，如果学生是异性或者本身不喜欢身体接触的话就要尽量避免）。

此外，再加上小红花的奖励效果会更好。但需要注意的是如果总是给予奖励，也可能会导致"没有奖励就不做"的情况出现。因此应尽量避免采用"价值极高的物品"作为奖励，除了小红花以外，贴纸和印章都是不错的选择。

After（之后）

（上课时）

师：哦！K 同学，你计算的速度变快了！

生：是吗？

师：是啊，和学期初相比完全不一样了。

生：是吗？

师：是啊，进步了！（给他一朵小红花。）

生：（哇，小红花，好开心啊！）

师：继续努力啊。（拍拍学生肩膀。）

生：嗯！

表扬水准的提升 "养成表扬的习惯"

Before(以前)——————————————————————

（早上，走向教室的途中）

师：（今天也要努力工作啊。）

生：老师，早上好！

师：早上好。

生：老师，看我今天的发型！

师：怎么了？没发现什么不一样啊！

生：（怎么觉得老师很无聊啊，真没意思啊。）

表扬可以促使学生进步。

可以毫不夸张地说，表扬学生是教师工作的基本组成部分。

即使有时会觉得不好意思，当教师进入教室时也必须开启"表扬模式"。为了能够顺利开启"表扬模式"，教师要充分利用从早上起床到与学生相遇的这段时间，做好"切换模式"的工作。

首先，可以在上班路上试着赞美眼前的事物。到校前先表扬一下眼前的事物吧。

无论什么都可以。比如可以称赞悬挂在电车车厢里的广告牌："色彩搭配得不错！"称赞路上的广告牌："从这个角度看的话十分清楚！"称赞身边的大叔："领带的颜色好漂亮啊！"（在心里默默称赞，千万不要发出声音。）来到学校后，在走向教室的途中表扬每一个在走廊里遇见的学生。

"呀，伞收得真不错。"

"已经把抹布洗好挂起来了！"

"早上听到你的问候，心情真不错！"

"衣服真漂亮啊！"

像这样一路做好准备，当进入教室面对学生时就一定能够接连说出表扬的话。

练习表扬的语言

• 称赞餐具。

• 称赞早饭。

• 称赞家人。

• 称赞自己的鞋。

• 称赞通勤方法。

- 称赞坐在自己面前的人。

- 称赞校门。

- 称赞教学楼。

- 称赞同事。

- 称赞校长。

- 称赞路过的学生。

After（之后）

师：今天，走廊看上去十分整洁。

昨天的值日生做得不错啊。

哦，A 同学！今天你的帽子戴得不错，真好！

（进入教室）

生：老师，早上好！

师：早上好。今天也能主动打招呼了，很好！

生：嘿嘿。

师：噢！你今天的发型是麦穗辫呢！从早上开始就元气满满啊。

生：是吗？今天是妈妈给我编的辫子。（早上一到学校就得到了老师的表扬！好开心啊！今天也要加油啊！）

案例1 ｜ **当学生应答的声音很小时**

Before(以前)

🙂 师：A。

🙁 生：到。

🙂 师：回答得不错。

😟 生：啊?

🙁 师：声音很响亮啊。

😟 生：哈……（这是谁都能做到的事吧，老师到底想说什么呢?）

🙂 师：应答干脆响亮，非常好。

🙁 生：……（虽然得到了夸奖，但没什么可高兴的。响亮的声音，其他的同学也能发出啊……）

▶ **思维转换的要点**

将"你……"换成"我……"。

对于上例的分析

上例中的教师想要表扬学生。但是，教师的表扬却没有被很好地传达给学生。学生很扫兴，而且似乎有些不高兴。这也是在表扬学生时常会出现的问题。

原因在于 I（我）信息和 YOU（你）信息。

上例中使用的是 YOU 信息，也就是表扬学生"你做得不错"。

如果将受表扬的对象作为主语的话，受表扬的对象可能会怀疑或否定表扬的内容。

比如，如果你听到别人称赞"你的声音真好听"时会怎么想呢？会比较开心吧。但是转念一想，"虽然高兴，真是这样的吗？很多人的声音比我更好听……"这样多少会产生一些质疑。

YOU 信息容易使受表扬的对象在心里产生一些反驳的想法："不是这样的。""没有这回事。"

那么，如果使用 I 信息会怎样呢？I 信息的主语转换成了"我"。

如果告诉学生："老师觉得你做得很好。"虽然学生也许会想："老师认为做得很好，有点儿奇怪啊。"但学生对老师的话却很难否定。

也就是说，I 信息很难被听者自身所否定。

在表扬时，与 YOU 信息相比，I 信息更容易让人毫无抵触地接受。

After（之后）

师：A。

生：到！

师：哇，真不错！有点儿不敢相信！

> 表扬的语言 1：惊讶法

生：啊？

师：今天应答的声音不是比昨天响亮多了吗？

进步得太快了！ 表扬的语言 2：夸张法

生：（我自己没注意到啊，真的吗？）

师：你这样的应答让老师非常高兴。

> 表扬的语言 3：意见法

生：是吗？

师：其他的同学也模仿一下吧。

生：到！

表扬的语言 1

惊讶法

哇，你好厉害啊！

连老师都感到惊讶了！
好开心！我要更加努力啊！

惊讶法的定义　教师对学生的行为表现出惊讶

　　教师通过"I信息"来表达自己的想法时，最简单的方法就是表现出惊讶，即"你的做法令我感到十分惊讶"。虽然简单，却是"I信息"中效果极好的表扬语言。要点是在说话后稍做停顿表现出惊呆了的感觉。

惊讶法的例子

师：这个问题非常难啊。

生：老师，做好了。

师：真的吗？哎呀……做好了？太快了！

惊讶法的用语

- 真好啊！
- 太令人惊讶了！
- 难道你最近是在学习书法吗？！
- 还有这样的办法呢！
- 你还会做这个呢？！

- 漂亮！
- 你知道的真多啊！
- 那样也行啊？！
- 真的吗！
- 竟然还可以这样做！

夸张法

> 啊?
> 那真是太棒了!

> 太好了! 连老师也感到十分惊讶!
> 还要努力做得更好。

夸张法的定义　教师夸张地评价学生的行为

　　学生都喜欢夸张的语言，当学生得到有些夸张的评价时会更加开心，也会因此干劲十足。教师可以告诉学生："你太……了！"用这样的方式来提高他们的积极性。

夸张法的例子

　　生：老师，做好了。

　　师：已经做好了吗？！太快了！

　　生：（我也快点儿做吧！）

夸张法的用语

- 太漂亮了！
- 太美了！
- 绝对领先！
- 出类拔萃！
- 太聪明了！

- 太厉害了！
- 太帅了！
- 喂，打算做到哪里啊？！
- 太棒了！

意见法

我觉得你们非常努力！

太好了，老师认可我们的努力了。

意见法的定义 教师向学生表达自己的意见

教师要坦率地向学生表达出自己的意见，当然这指的既不是指示也不是命令，而是表达出自身的感受。用"我是这样想的……""老师这样认为……"等句式来表述主观的想法。

意见法的例子

😊 师：刚才你被批评了吗？但是，老师觉得你做得很好。

🙂 生：老师还是很关心我的。

意见法的用语

- 我觉得……
- 别以为是……
- 我认为是……
- 不是……吗？
- 我觉得这就是某某同学的优点。

- 我这样看……
- 和你说说老师的看法吧。
- 老师是这样想的。

案例2 当表扬的对象总是集中在几个学生身上时

Before(以前)

（朗读时）

师：录音里的发音非常好听。

生：是的！

师：A同学的确很努力，真不错啊！

生：嘿嘿……

师：大家也要向她学习哦。

生：（什么啊，我也在努力啊……）

▶ **思维转换的要点**

教师需要表扬的是学生的"努力的过程"，而不是"结果"。

对于上例的分析

如果教师只是关注学生所获得的"结果"的话，表扬就会仅仅集中在班级里的一部分学生身上，比如那些擅长跑步、擅长算术、擅长语文的学生。通常在班级里这样的学生就是固定的几个人。

明明很努力却没能得到教师表扬的学生会感到很失落：
"我也在努力啊……"这样下去，他们会越来越消沉。

教师应该关注的不是学生获得的"结果"，而是要看见学生"努力的过程"。每个学生都在成长，如果将学生过去的状态与现在的状态进行比较，就能发现学生的成长。教师要做的是表扬学生"努力的过程"。这样每个学生都能公平地得到表扬。

不仅如此，教师还要尽可能多地表扬"能力稍差"和"不太优秀"的学生，因为他们的成长空间更大。

如果教师关注学生的成长过程，那么每个学生就都能获得被教师表扬的机会。这对学生来说是一件值得高兴的事，但实际上对教师来说却需要付出很多。

不能只是粗略地观察全班同学，而要回想学生过去的状态，再同他们现在的状态进行对比，在比较的过程中发现他们的成长。

画家凡·高有句名言：

"不要去寻找美丽的景色，而是要在景色中寻找美丽的事物。"

这句话不也适用于教师这个职业吗？

"不要去寻找学生取得的成绩，而要关注学生成长进步的过程"。

教师必须要在教室里的"景色"中关注到学生们成长进步的过程，并且要留心掌握每个学生的情况。不要错过学生的哪怕是一点点的进步，要学会表扬学生。

After（之后）

（在演奏竖笛时）

🙂 师：A 同学，好厉害啊……！吹得越来越好听了。

　　　 表扬的语言 4：比较法 可以再吹一次吗？

🙂 生：好！

（演奏）

🙂 师：你在吹竖笛的时候能够巧妙地利用舌头，这样就
　　　 可以发出更好听的声音，对吧？

　　　 表扬的语言 5：赋予价值法

🙂 生：原来如此。

🙂 生：……（我成了大家的榜样，太好了！）

🙂 师：接下来，大家再一起演奏一次吧，请模仿 A 同
　　　 学。开始！

🙂 生：（那我也模仿一下吧！）

表扬的语言 4

比较法

你写得越来越好了!

嗯!

好高兴! 我要更努力!

比较法的定义　表扬学生比以前做得更好了

　　教师在表扬学生时，如果只关注现在的结果，通常会说："一直以来你都很努力……"对于这种表扬，学生仅会消极地接受。因此，教师在对学生坚持不懈的努力结果给予认可的同时，也要向学生传达认可他成长过程的信息。

比较法的例子

师：与以前相比，大有进步！书写时手臂可以抬高了！

生：是吗？（太好了！）

师：非常好，保持现在这个状态！

比较法的用语

- 更加精通了呢！
- 进步了！
- 越来越好了呢！
- 上了一个台阶！
- 水平提升了！
- 在不断进步啊！

表扬的语言 5

赋予价值法

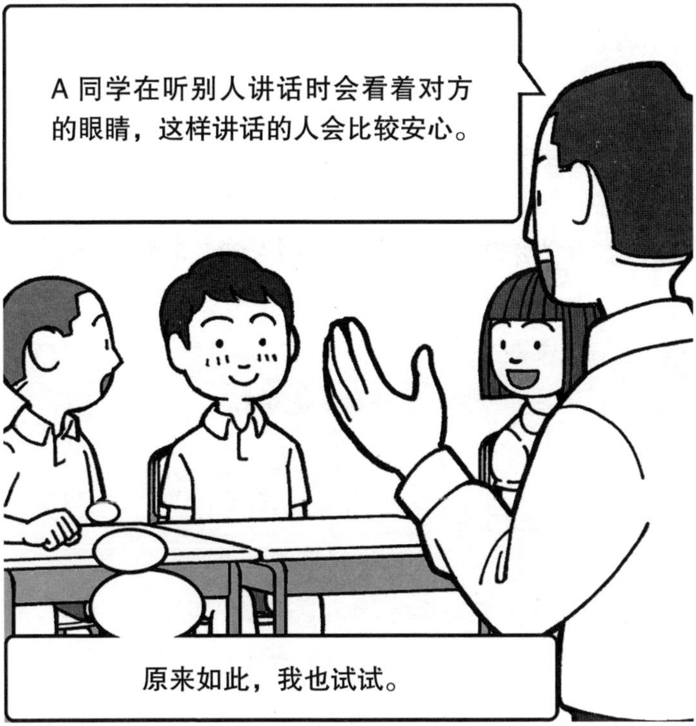
A 同学在听别人讲话时会看着对方的眼睛，这样讲话的人会比较安心。
原来如此，我也试试。

赋予价值法的定义　通过给学生的行为赋予价值来说明优秀的理由

　　教师需要对学生的行为以及这种行为所产生的良好影响进行具体的、理论性的说明，这样才能让学生理解这种行为的价值。学生在理解其价值后才会产生持续采取这种行为的意愿。

赋予价值法的例子

　师：今天是你把垃圾收到了教室的角落里吧？如果一直坚持这样做的话，教室就会看起来更加整洁。

　生：原来如此。

　师：要是其他同学也这样做就好了。

赋予价值法的用语

- 为什么说这非常好呢？因为这样做，可以产生……的效果。
- 这种坚持，会慢慢成为习惯。
- 现在正在做的这件事，等你长大后也对你有益。

案例3　当学生对表扬习以为常时

Before(以前)

(休息时间,在运动场)

- 师:A同学,你跑得真快啊!
- 生:还行吧。(常常听到这样的评价啊。)
- 师:你的运动神经发达,将来一定会成为田径运动员的!
- 生:是吗?(又在说跑步的速度,怎么一说到我,大家都是相同的评价呢?)

▶ **思维转换的要点**

> 表扬学生身上还没有被他人注意到的优点。

对于上例的分析

　　对于那些听惯了人们对自己评价的学生来说,如果教师还按照他人惯用的评价来表扬他,就会让他觉得"又是这样",有时反而会使他不高兴。

学生大都拥有自己的强项，比如善于表达、擅长算术等。因此，当学生听到了与他们的自我认知相同的评价时，通常也只会认为这是理所当然的，不太可能记忆深刻。

因此，教师不妨考虑一下能不能从不同的角度来表扬学生。比如，教师对那些擅长踢足球的学生说："你的足球踢得真好啊！"如果这是学生经常听到的评价，也许他就不会特别高兴。

可以尝试找找其他值得表扬的方面。

比如，"你读了很多书啊！你的知识储备对于创作很有帮助呢"等，试着找出一些对于学生来说感到新鲜的评价。

出人意料的夸奖方式会给学生留下深刻的印象，对学生来说，这将会成为永久留存于他们记忆中的赞美之词，他们会想："我真有这样的优点吗？"

请教师带着如下问题来观察学生吧。

- 他没有其他优点吗？
- 他有没有为了发挥出那个优势而努力呢？

以尝试发现学生的新的一面为目的来寻找他们的优点吧，然后向学生传达他们从未听过的表扬语言。

After（之后）

师：昨天校长从走廊经过，看到了我们上课的情形。放学后告诉我说："A同学真厉害啊！"

表扬的语言6：传闻法

你知道校长夸了你什么吗？ 表扬的语言7：模范法

生：是说我跑步速度快吗？

师：嗯，确实说了这点，还有其他方面。

生：上课时教大家解题方法的事情吗？

师：是啊，你仔细地教给大家算术题的解法，把自己的经验分享给大家，这可并不容易！

生：（A，你好厉害！）

师：A同学不仅在运动场上，在教室里也表现得很积极啊！这真是件好事啊。

生：（我真的有这些优点吗？）

传闻法

听说你在家也努力练习汉字。

是的。（原来老师也知道我多么努力啊。）

传闻法的定义　教师将从他人那里听来的对学生的评价告诉学生

通过转述他人的表扬可以发挥出更好的表扬效果。因此，教师可以将从他人那里听来的对学生的表扬转达给学生，有时也可以根据情况稍微表述得夸张一些。

传闻法的例子

师：听 A 老师说，你在昨天的课上表现得非常好。

生：是吗？（原来 A 老师对我的评价还不错啊。）

师：A 老师表扬你说："她最近越来越努力了。"表现得不错！

生：嘿嘿。（太好了，我会更加努力的！）

传闻法的用语

- 校长表扬你了。
- 听别人说的。
- 我听到一个关于你的好消息。
- 从别处听到了这样的评价。

- 大家都在夸你呢。
- 听说你最近在……

模范法

我们一起来说说 A 同学的优点吧。

我觉得他的优点是遵守时间。

> **模范法的定义**　让某个同学成为模范，并让其他同学都注意到他的优点

如果某个学生的优秀行为能够得到推广，那么全班同学都将会因此而受益。教师可以将某个学生的优秀行为当作典范，引起大家的关注并让大家模仿，也可以采用优秀人物访谈的形式，让学生介绍自己的诀窍。

模范法的例子

师：大家知道为什么说 A 同学非常努力吗？

生：因为他在课上一直都非常积极地回答问题。

生：（得到了大家的认可！好开心啊！）

模范法的用语

- A 同学，做得不错。
- 做得非常好，有什么窍门吗？
- 这是 A 同学的笔记本。
- 看看 A 同学！
- 让我来采访一下你吧，请分享一下你的经验！
- A 同学，能不能给大家分享一下你的经验？
- 大家知道为什么吗？
- 向 A 同学学习！

案例4 当学生没有把卫生间里的拖鞋摆放整齐时

Before(以前)

（在卫生间门口）

师：喂！把拖鞋摆好！你在想什么呢？

生：啊，知道了……

师：真是的，这么邋遢，不觉得难为情吗？

生：真是啰嗦……

师：你这是什么态度！

生：……（只不过是拖鞋没放好而已，至于这么唠叨吗？）

▶ 思维转换的要点

教师对那些能够把拖鞋摆放整齐的学生表示感谢。

对于上例的分析

在上述例子中，教师训斥了没有摆放好拖鞋的学生，希望他今后能够注意，但这个方法并不正确。教师应该留意哪些学生能够认真地将拖鞋摆放整齐，然后在班级里推广这些学生的做法，因此教师需要考虑用什么样的语言来向其他学生推广优秀行为。

有这样一个小故事。

北风和太阳打赌：谁能让路上的行人先把衣服脱下来谁就获胜。无论北风怎么吹，路上的行人都把衣服裹得紧紧的，没有人脱下衣服。而在太阳的照射下行人纷纷脱下了衣服。

教师向学生表示感谢，就好像太阳照射行人一样，可以使人感到温暖。再比如，大家在餐饮店的卫生间里一定看到过这样的贴纸，上面写着"非常感谢您保持卫生间的整洁"，而几乎所有的店家都不会在贴纸上写"请不要弄脏卫生间"。

感谢的语言可以激发人采取良好的行为。

此外，感谢的语言也能向人传达感激之情。

在表扬的语言中难度较低的就是感谢。

即便是一些小事，感谢的语言也会让学生感受到自身的价值和成就感。

After（之后）

🙂 师：昨天校长表扬你了，校长说："A同学把卫生间里的拖鞋摆放得很整齐。"

🙂 生：（哇，表扬我了。）

🙂 师：这样卫生间看起来更加整洁，大家使用时也更舒服了，谢谢。 表扬的语言8：感谢法

😊 生：啊，不客气。

🙂 师：A同学真细心啊，是照顾别人的专家啊。

表扬的语言9：令人高兴的比喻法

老师小时候是个马虎的孩子，所以我十分敬佩像你这种能为别人着想的行为。

表扬的语言10：敬佩法

😆 生：（老师上学的时候也做不到啊，A同学真厉害啊，我也要加油！）

表扬的语言 8

感谢法

感谢法的定义　教师向学生表示感谢

教师对学生的行为表示感谢，借各种机会对学生说"谢谢"，学生会非常高兴。

感谢法的例子

师：帮了我大忙了，谢谢。

生：不客气。

师：下次还要拜托你。

感谢法的用语

- 真开心。
- 谢谢你。
- 太感谢了。
- 谢谢！

- 多亏了你。
- 非常感谢。
- 麻烦了。
- 感谢。

表扬的语言 9

令人高兴的比喻法

这、这是……
这是感动全国的笔记啊！

好高兴！

令人高兴的比喻法的定义 用比喻的修辞手法来夸奖学生的努力

　　教师可以通过比喻的方法来夸奖学生的努力，用略为夸张、浅显易懂、风趣幽默的语言来表扬学生。教师要找到每位学生特有的优点，并通过比喻的手法来传达给学生，这样学生会更高兴。

令人高兴的比喻法的例子

🙂 师：请回答一下植物的组成部分。

🙂 生：植物主要是由根、茎、叶 3 个部分组成的。

🙂 师：很好，你已经是植物学博士了！

🙂 生：嘿嘿。（太好了！）

令人高兴的比喻法的用语

* 专家！
* 高手！
* 传说中的……
* 神！

* 战士！
* 大师！
* 天才！
* 金奖！

* 匠人！
* 冠军！
* 仙人！

表扬的语言 10

敬佩法

我小时候可做不到这些啊。

老师竟然佩服我！好开心啊！

敬佩法的定义　教师对学生表示敬佩之意

教师可在言语中向学生表达敬佩之意。教师可以对比自己的学生时代或之前教过的学生，以此来表扬现在的学生有多么努力。

敬佩法的例子

师：尽管刚刚答错了，但还是鼓起勇气举手回答问题，不错！

竟然有这么出色的五年级学生啊！

生：（能勇敢地举手真是太好了！）

敬佩法的用语

- 我做过这么多年老师，还是第一次遇到像你这样出色的学生呢。
- 你的实力全国第一。
- 啊，真是太棒了。
- 竟然能做到这些……
- 真是天才组合啊。
- 没听说过这个年龄的学生能做到这些。
- 小学生竟然会做……

专栏 二

K 老师的赞美

在我之前工作过的学校里有一位 K 老师，他就是卓越教师。据说在 K 老师的教导下，无论什么样的学生都会变得积极努力。在观摩 K 老师的课堂教学时，我为学生们洪亮的声音、有条不紊的行动以及朝气蓬勃的面貌所震撼，感到不可思议。怎样才能教导出这样的学生呢？我一直在远处观望却始终无法找出其中的原因，所以我请求 K 老师让我加入班级进行一天的深入考察，但我还是没能搞清楚其中的原因。

直到后来，记得那是秋季的一天。

为了促进教职员之间的交流与了解，学校有时会举办与其他学校的教职员之间的垒球比赛。我并不擅长打垒球，虽然在上学时参加过体操比赛，但是对于球类都不太擅长。即使我挥动球棒也打不准，扔出的球也不知会飞到何处。因此，学校安排我做替补球员。不能参加比赛的我感到十分无聊，一直在远处观望并给队员们加油。

比赛结束后的庆功宴上，担任干杯致辞的就是 K 老师。

他说："今天我们赢了比赛，非常高兴，不过多亏了某位老师的努力才能赢得今天的比赛。"

此时我在想 K 老师说的人一定是打出全垒打的 A 老师，或是连续投了几个好球的投手 B 老师吧。

"那个人就是……三好老师。"

竟然是我。听到自己的名字时，我吃惊得说不出话来。

（……啊？我没有参加比赛啊……弄错了吧？）

K 老师继续说："虽然三好老师并不擅长打垒球，但是在比赛的过程中，每当有人打球时，三好老师都会在一旁加油：'好！''从那里打，从那里打！'三好老师的加油声鼓舞了我们。这样的鼓舞使我们最终赢得了比赛。谢谢你鼓舞了大家！让我们一起为三好老师鼓掌吧！"

K 老师的讲话热情且真切，我知道这并不是讽刺，而是 K 老师发自内心的感受。

听了 K 老师的话，我有些害羞，笑着低下头说："真的吗？"虽然我有些难为情，但心里却暖暖的。

……啊，对呀？就是这种语言。

我似乎已经找到了 K 老师能够教导好学生的答案。K 老师并非只关注那些在集体中表现突出的人，同时也关注那些弱小却仍在努力成长的人。

正因如此，K 老师教导的每个学生才能朝气蓬勃且不断进步。

从那以后，我不再寻找那些"引人注目的身影"了，我开始关注教室里的每一个学生。我发现在优秀的学生吸引人的目光的同时，其他的学生也在不断取得小小的进步。我想成为像 K 老师那样不会错过每位学生的进步，并能够用合适的语言把自己的关注传达给学生的教师。

- 表扬
- **批评**
- 提问
- 鼓励
- 反向激励

第二章

批评的语言

何谓批评的语言

据说，近年来从不批评学生的教师越来越多了。

有些教师对待学生就如同对待朋友或是邻家的哥哥姐姐一样。

"不会批评学生。"

"不知道该如何批评学生。"

有时我在办公室里会听到教师们发出以上感慨。

为什么教师对批评学生这件事会有所顾虑呢？这是因为教师认为批评学生是有风险的。

首先是"有些学生根本无法接受老师的批评"。有些学生在受到批评时就会反驳说："明明不只是我一个人。"

还有一个原因是教师会对学生家长有所顾忌。有时在对学生进行严厉批评后的第二天，教师就会在意见簿上看到家长认为老师教导不当的指责。

教师不愿批评学生还有一些其他的理由，比如不想被学生讨厌，或是不想破坏好不容易建立起来的良好师生关系等。

有些教师不擅长批评学生，原因是在自身的成长经历中从未受到过严厉的批评，因此也就不知道该如何批评学生。

最后，还有一个更重要的原因：当前教育界存在着"表扬才能促使学生成长"的导向。

在上文中已经论述过，表扬是非常重要的。但是本书的立场是批评和表扬同样重要。

如果将教师的教导比作驾驶汽车的话，表扬的语言与油门的作用相同。

教师说出诸如"你的做法是正确的"之类表扬的话，会促使学生进步。

而批评的语言则与刹车的作用类似，"你的做法不合适，要及时改正"。教师的批评可以起到制止学生的错误行为的作用。

正是因为有了教师的表扬和批评的双方面作用，学生才能成长。可以说教师的批评语言在对学生的指导过程中是不可或缺的。

那么，你目前运用的批评方法是正确的吗？你可以根据学生的具体行为来检验你的批评是否有效。

教师的批评就如同是刹车，如果通过批评能够减少学生的错误行为，那么就可以说这个批评是有效的。但是如果学生在接受批评后没有丝毫改变的话，那么这样的批评就没有效果。如果没有起到教育作用的话，那么批评就仅仅是单纯的责骂而已。

最坏的情况下，可能会发展成教师对学生的体罚。

孩子是在观察成年人的过程中成长的。因愤怒而喋喋不休的教师向学生传递的是"大人只会用一些极端的行为来对抗不利的环境"。

学生们或许会从这样的示范中学会不恰当的、具有攻击性的行为。

如果教师能够掌握批评的方法，就可以正确地使用批评语言了。

批评的语言的要点

　　如果教师批评不当，不仅会给学生的内心带来伤害，也会影响到师生之间的信赖关系。因此，与表扬的语言不同，教师需要更慎重地使用批评的语言。那么，怎样的批评方法才有效呢？我们先看看以下例子。

Before(以前)─────────────────────

　师：A，值日的时候你又偷懒了吧？

　生：啊！是的。

　师：怎么回事？这样偷懒可不行。

　生：不是只有我偷懒啊，B 也是跑来跑去的。

　师：怎么还在狡辩！好好干！

　生：嗯……(至于嘛？没必要这么严厉吧！)

───────────────────────────

　　上述例子中教师的批评并没有发挥作用。

　　教师在使用批评语言时，需要对以下 3 点做出正确的判断。

1. 是立即批评还是等待时机

当学生的错误行为会伤害到自身或他人时，教师需要立即批评学生。但除此之外的情况，则寻找合适的机会再批评即可。教师可以慢慢地观察学生的动向，找准时机再对学生进行批评教育。因此，当教师认为有必要对学生进行批评之前要做出正确的判断，即立即批评还是等待较为合适的时机再批评。

2. 批评的对象是个人还是集体

如果教师只是批评某一个学生的话，就容易引起该学生内心的反抗："又不是只有我一个人犯错……"教师通常想先批评那些"最引人注目的学生"，但有些情况是很多学生犯了同样的错误，都应该批评。因此，教师需要正确判断批评的对象究竟是小组、整个班级还是整个年级。

3. 批评的程度

当教师大发雷霆时，会给学生的内心带来伤害。也许正是出于为学生着想的目的，教师才会如此愤怒吧，感情用事也无妨，只是不必那么严厉。

教师掌握好批评的度是非常重要的，当然这也是非常困难的。因此，教师在发现学生的不当行为时，首先要保持冷静，根据事情的严重性做出调整并控制好自己的情绪，掌握好批评的度。

After（之后）

师：（啊，A 又在值日时偷懒了……）

生：哈哈。

（教师在活动结束后对全班同学说）

师：最近大家的值日都做得非常认真。但我想大家也看到了，今天的值日做得不太好。你们自己觉得呢？

生：……嗯，是做得不太好。是不是我聊天聊得太多了呢？

师：是啊，稍微有点儿多。我知道你们喜欢聊天，但是如果一心二用的话，就无法集中精力把事情做好。如果教室里满是灰尘会让人头疼，不是吗？明天要怎么打扫呢？

生：我会再认真一些的。

师：好，那我期待你们明天的表现。

令学生意识到教师的父性特征

有些教师认为自己不擅长批评学生。其实批评学生原本就不是一件容易的事，在日常生活中很少会出现"必须要批评某个人"的情况，而"必须要批评某个集体"的情况就更难遇到了。

有的教师的性格使他在批评学生时不会觉得特别为难，但是不具备这种性格的教师在批评学生时就非常困难了。

那么，首先让我们来判断一下自己的性格是否适合对学生进行批评教育吧。

依据交流分析理论[①]，人的性格包含 5 种特征。

---

① 交流分析理论：一种以精神分析为基础的心理治疗的理论和方法。主张每一个人都有 3 种自我形式：父母型（P）、成人型（A）、儿童型（C）。本书将 3 种形式进一步细分为 5 种性格特征。

母性
（慈祥）

父性
（严厉）

（父母型）

成人性
（睿智）

（成人型）

自由的
儿童性
（活泼）

顺从的
儿童性
（乖巧、
顺从）

（儿童型）

人的性格通常融合了以上 5 种特征。

对于父性特征较弱的人来说，要做到批评别人是很难的。性格中缺少父性的教师往往不清楚应该如何进行批评教育，因此在对学生的教导上顾虑重重。

在这种情况下，教师就要有意识地提高自身性格中的父性。可以先从表情状态开始改变，然后再改变行为动作。在对学生进行批评教育的时候，可以双手叉腰、挺起胸膛，并试着压低声音。这样就能从举止动作上提高自身的父性特征了。

此外，你还可以试着让自己持有批判的态度。

可以试着评判一下周围的事物。

可以试着评论报纸、网络和电视上的新闻。

可以试着使用以下语言，大声地说出自己的意见：

- 应该……
- 必须做……
- （清楚地）我的意见是……
- 决定好的事情就做到最后吧。
- 这样真的就满意了吗？

另外尝试做以下事情：
- 评论新闻事件。
- 问自己是否满足于现状。

- 想想自己尊敬的人会怎么说。
- 对时间和金钱进行严格管理。
- 确定一个"即使到最后也不让步"的值得坚守的东西。

原本性格中父性特征就较强的教师则无须做这些练习。在父性特征过强的教师面前，学生会感到压抑，因此为了让学生能够身心健康地成长，教师只要具备适度的父性特征就可以了。

案例5　当学生哭闹时

Before(以前)

师：谁能回答一下这个问题？

生：我！

师：那这个问题就拜托 A 同学了。

生：啊，我也想说的！（趴在桌子上哭了起来。）

师：哎呀，真是的……别哭了。

生：呜呜……

师：（真没办法……）你下次吧，下次我先叫你！

生：嗯……（太好了，用这个方法的话，老师就会关注我，也会接受我的要求了，下次还用这个方法！）

▶ 思维转换的要点

> 教师对学生的无理取闹可以不予理睬。

对于上例的分析

孩子有时会通过无理取闹的方式来让大人满足自己的要求。

比如在玩具店，如果父母因为孩子哭闹撒娇就给他买玩具的话，孩子就会认为跟父母哭闹撒娇就能得到想要的东西。

在玩具店，如果父母对于孩子的哭闹采取完全不予理睬的态度，等孩子停止哭闹后再安慰他说："过生日的时候买给你吧。"孩子就会明白哭闹无法让家长满足自己的要求。

在教室里哭喊的学生与在玩具店哭闹撒娇的孩子一样，都希望通过无理取闹的方式迫使对方满足自己的要求。

在上述例子中，学生通过哭喊的行为获得了老师的安抚以及下次优先回答问题的权利。那么就会让学生产生这样的想法："当自己的要求得不到回应时只要哭闹就可以解决了。"

对于学生的哭闹，教师可通过无视或干脆的否定来告诉学生：你的做法毫无作用。

　　如果教师要将无视的态度贯彻下去就需要一定的演技，把坚定的态度坚持到最后。哪怕是对学生稍看一眼，也会向学生传达自己有些在意的心理。因此，教师要做到不看、不听、不予理睬。

　　如果教师一直无视的话，学生的哭闹行为可能会升级，即便如此，教师也不能屈服。一旦教师表现出屈服的态度，学生就会认为："哦，原来哭闹得再厉害一些，老师就会考虑我的要求了。"

　　学生的哭闹迟早会停止，所以教师要尽量忍耐到那个时候。

　　另外，不能允许其他学生介入。即使教师对学生的哭闹不予理睬，但如果此时其他学生对其表现出关注的话，也会让哭闹的学生感到自己的行为得到了回应，从而愈演愈烈。教师可以悄悄地告诉其他学生："没关系，不用在意。"

　　在学生停止哭闹后，教师不能立即表扬他。如果学生认为停止哭闹就会受到表扬的话，今后就会继续采取同样的手段。所以，教师此时需要做的仅仅是确认一下学生的状态。

After（之后）

😐 师：谁能回答一下这个问题？

😊 生：我！

😐 师：那这个问题就拜托 A 同学了。

😢 生：啊，我也想说的！（趴在桌子上哭了起来。）

😐 师：你来回答下一个问题吧。 批评的语言 1：无视法

😔 生：呜……

😐 师：你一直哭也没用。 批评的语言 2：直接否定法

😐 生：A，你没事吧？

😐 师：他没事，请不要管他。大家来解答问题吧。

😔 生：呜……（谁都不理我……）

😮 师：已经有人做好了，太棒了！

😐 生：……（哭闹也没什么意义。）

😐 师：A，你不哭了吗？还有机会，你回答下一个问题吧。

案例 6 ｜ 当学生在换教室的途中大声喧哗时

Before(以前)

（换教室时）

😐 师：今天做理科实验，大家现在去实验室吧，注意途

中保持安静。

生：喂，昨天看电视了吗？

师：不是说了要安静吗？

生：嗯。

师：真是的……

生：喂，昨天的电视节目非常有趣！

师：A！

生：（什么呀，总是说我。）知道了，对不起。那个电
视节目啊……

▶ **思维转换的要点**

> 撤回对学生的奖励。

对于上例的分析

教师的惩罚往往会引起学生的反抗，哪怕是小小的指责也会令学生产生反抗的想法："为什么非要如此指责我呢？"对此教师可以采取撤回奖励的方法，这样就不容易引起学生的反抗心理了。相比于惩罚，撤回奖励并不会给学生带来很大的痛苦。

对于学生来说，学校生活中的奖励有哪些呢？

比如，教师可以在班级里准备一些玻璃球和空瓶，并且制定相应的规则："如果学生可以实现一天的目标，就在空瓶中放入一个玻璃球。"如果学生犯错，教师就要告诉他："因为今天的目标没有实现，所以就没有玻璃球了。"

　　这样的做法就相当于撤回奖励。教师可以有意识地多创造一些像这样的奖励机会以规范学生的行为。

　　除了采用放玻璃球的方式，教师还可以尝试其他方式。比如，如果某一项活动对学生来说是趣味十足的，那么当学生犯错时，教师就可以取消这项活动。

　　比如，教师将课堂中的一些活动取消，这也相当于撤回奖励。

　　被撤回奖励的学生会反省自己的行为，如果学生反省的结果较好，教师就可以恢复活动。

　　如果某些活动本来就不能引起学生的兴趣，那么取消该活动本身也就变成了对学生的奖励，教师要尽量避免这种情况发生。

　　例如，对于不喜欢打扫卫生的学生，如果教师说"你不用打扫了"，那么这个学生或许就会认为"如果我犯错的话，就不用打扫了"。

　　因此，教师要在准确把握学生对活动的态度的基础上，再决定取消什么样的活动。

After（之后）

（换教室时）

师：今天做理科实验，大家现在去实验室吧，注意途中保持安静。

生：喂，昨天看电视了吗？

师：…… 批评的语言1：无视法

生：昨天的电视节目特别有意思！

师：A，你留下来，不用去做实验了。

批评的语言3：取消法

生：嗯？

师：大家快过去吧。

生：不，我也要去。

师：大家都是去认真学习的，你如果想聊天的话，就留在这儿尽情地聊天吧，再见。其他同学快过去吧。

生：等一下。

师：不，你不用过去了。 批评语言2：直接否定法

生：老师，我也想去！我不聊天了！

无视法

无视法的定义　教师对学生的捣乱行为采取无视的态度

　　教师不要过于关注学生的行为。学生有时会通过一些捣乱行为来获得安抚以及迫使教师满足自己的要求。为了杜绝学生的这种行为，教师应采取较为彻底的不予理睬的态度。

无视法的例子

（在课上）

　　生：嗯，真有趣。老师，您看看！（给老师看他的涂鸦。）

　　师：进行下一项活动吧。

　　生：（糟糕，现在不是开玩笑的时候……）

无视法的用语

- 是吗？
- 不知道。
- 什么啊，那是？

- 不想看。
- 嗯。（瞥了一眼。）
- 不想听。

批评的语言 2

直接否定法

谁来回答一下这个问题？A，你回答吧。

32

不对，你完全没懂啊。
其他人回答吧。

没错啊，怎么回事？
啊，忘了首先要应答了。

直接否定法的定义　　教师毫无表情地否定学生的错误言行

　　教师对学生的错误言行要立即否定，并且无须说明否定的理由。这个方法的要点是快速且坚定地表现出否定的态度。如果态度不坚定的话，学生就会产生这样的想法："为什么不行呢？"

直接否定法的例子

　　生：我叫……

　　师：不行，重来。

　　生：（大家朗读的速度不一致，要注意了……）

直接否定法的用语

- 20 分，重来。
- 做得不好。
- 这样不行。
- 嗯，不合格。

- 这样就满足了吗？
- 完全不行。
- 太不认真了。
- 不好。

取消法的定义　教师取消某些活动

对于学生没有认真进行的活动，教师可以直接取消。取消这一手段本身就会给学生的内心带来一些触动，教师就无须再进行严厉的批评了。教师在取消后可以敦促学生进行其他活动，如果学生能够认真反省错误的话，则可以重新开展被取消的活动。

取消法的例子

（分发资料时）

👦 师：现在只发给已经做好充分准备的小组。

👧 生：糟了，没有认真准备啊……

取消法的用语

- 好，到此结束吧。
- 中止。
- 取消。
- 停止吧。

- 现在你可以不用做了。
- 整理一下，结束吧。
- 不用做了。
- 取消！以后再说吧。

案例 7 | 当某些学生的言行伤害到其他同学时

Before(以前)————————————————————

（上课时）

🙂 生：哈哈，傻瓜！去死吧。

😠 师：不许这样说话。

🙂 生：有什么啊，只不过是开玩笑嘛。

😠 师：如果对方很介意的话怎么办？

😠 生：真啰嗦，至于嘛？真是没完没了了。

😠 师：说什么呢？！适可而止啊！

😠 生：（什么嘛？受不了……）

————————————————————————————

▶ **思维转换的要点**

教师要态度坚决地批评。

对于上例的分析

当学生的言行会对自己或他人产生伤害时，教师必须

98

要态度坚决地进行批评，并且在用语言批评的同时，更要充分发挥具有父性特征的形体语言的作用，通过表情、态度来震慑学生。

此时，教师还需要注意以合适的方式来提高批评的严厉程度。

如果教师逐步提高批评的严厉程度，学生就会对教师的批评逐渐习以为常。这样的话，教师的愤怒会随之升级，其结果就是批评的严厉程度也不断升级。

因此，我建议教师在批评学生时应尽量避免采取逐步提高批评的严厉程度的办法，而要直接进行速战速决的批评。这样教师不必过于愤怒，就可以完成对学生的批评教育。但是严厉的批评有时可能会引起学生的不满，让学生产生这样的误会："或许是老师讨厌我吧。"因此，教师在对学生进行批评教育的同时应该向学生说明批评的理由。

After（之后）

（上课时）

生：哈哈，傻瓜！去死吧。

师：你刚刚说了什么？再说一遍！

批评的语言 4：怒斥法

生：啊，不说了……

师：人死了就再也回不来了，你理解这个含义吗？

批评的语言 5：说教法

生：我不知道这些……

师：以后不可以再说这样的话了。

生：嗯。

师：你不应该对 A 同学说些什么吗？

生：对不起……（说了不该说的话，以后不说了。）

生：没关系。

批评的语言 4

怒斥法

怒斥法的定义　教师用极其愤怒的态度对学生进行严厉的批评

当学生的行为对他人的身心造成伤害时，教师可以严厉斥责学生，这种方法即为怒斥法。教师通过批评让学生了解到自身的错误。此时，教师应尽量使用简短且具有震慑力的语言。

怒斥法的例子

生：哈哈哈，这么简单的问题居然都会出错，你是笨蛋吗？

师：如果其他同学对你说这种话，你会怎么想？！

生：啊？

怒斥法的用语

- 不行！
- 那是什么意思呢？
- 听错了吧？
- 在想什么呢？！
- 在干什么呢？！
- 能详细地告诉我吗？
- 你觉得这样就可以了吗？！
- 住手！

批评的语言 5

说教法

考试的目的是检验你们的能力，班级里哪怕是有一个人作弊，都无法反映出真实水平，从而影响老师对班级真实水平的判断了。

知道了……

糟了，犯错了……

说教法的定义　教师向学生说明批评的理由

　　教师要通过给学生讲道理的方式来说明批评的理由。学生通常会对教师不知缘由的斥责表现出反感。因此，教师要讲清楚批评的理由，即为什么要批评学生，为什么学生的言行是错误的。

说教法的例子

🧑 师：刚刚你在嘲笑其他同学的错误吧？学校是一个允许大家犯错的地方，人正是在不断地经历错误中得到成长的，难道你就一直没犯过错吗？你要向A同学道歉。

🧑 生：对不起……

说教法的用语

- 你觉得为什么要做这个？
- 说说老师生气的理由吧。
- 是为了……才做的。
- 为什么不行，有3个理由。
- 有……的好处。

- 请思考一下老师为什么要这么严厉地批评你。
- 不做这件事的话，就会变成……
- 坚持下去的话，你会变成……

案例8 | 当学生未完成作业时

Before(以前)

师：A，你是不是没交作业啊？

生：是吗？我交了啊。

师：刚刚确认过了，没有你的作业。

生：我明天交。

师：昨天你也是这么说的，但还是没交。

生：昨天也忘了……

师：你到底打算怎么办？

生：明天把作业都带过来。

师：知道了，别忘了啊。

生：（好，反正到了明天，老师也会忘记的……）

▶ **思维转换的要点**

让学生认识到后果。

对于上例的分析

这个例子中的学生一直不交作业是因为他认为不交作业对他来说是有好处的。如果学生对完成作业这件事感兴趣的话，接下来的话就可以不讲了，但这个学生显然不想做作业。对此，教师有必要针对学生的"作业忘在家里了"的借口采取一些让他体验到后果的措施。在应用行为分析中有一种被称为"过度行为矫正"的方法。这个方法不仅要求人从混乱状态恢复到正常状态，还要求人对环境进行调整和完善。

例如，当教师看到学生扔纸屑时，一般情况下会教导学生说："把纸屑捡起来扔到垃圾桶里。"而如果采用"过度行为矫正"的方法则会这样说："把纸屑捡起来扔到垃圾桶里，然后把其他地方的纸屑也都清理干净。"此外还有让迟到的学生向全班同学道歉等方法。

如果学生出现了把作业忘在家里的情况，教师可以采取与平常不同的对策，让学生感受到不交作业就会有更严重的后果，这样学生的行为就会有所改善。

After（之后）

师：A，你是不是没交作业啊？

生：嗯，是吗？交了啊。

师：刚刚确认过了，没有你的作业。

生：我明天交。（明天也说忘了。）

师：昨天你也是这么说的，但还是没交。

生：昨天也忘了……

师：就是说你不想做作业吧？好，这样也没问题啊，既然你不想做，那就别做了，我把这个情况告诉你的家长吧。 批评的语言6：警告法

生：嗯……老师，我做作业。

师：不必勉强了。

生：不，老师，我会做的。从明天开始，我会好好做的！

师：那，现在开始做吧。 批评的语言7：过度矫正法

生：啊？我已经做了，忘在家里了……

师：如果你参加工作后把重要的资料忘在家里了，但你说："资料准备好了，不过忘在家里没带来，我明天拿过来。"你觉得这样可以吗？

生：不可以……

师：那就必须要想办法准备啊，今天就当作是你在工作中忘带资料了，想办法补救吧。

生：好……

师：还有，你刚刚说在家已经写好作业了，那你明天把忘在家里的作业带过来，我明天一定会检查的，一定要带过来啊。

生：啊……（糟了，老实地告诉老师"我没做"就好了……）

批评的语言 6

警告法

你不做是吧。好的，应该让校长也知道这个情况。

啊……我做！糟了！

警告法的定义　敦促学生获得他人的许可

教师告知学生,当发现学生偷懒时,会把这个情况也告诉别人。此时,教师可以在学生面前打电话告知他人,或者去找校长(教师事先与对方沟通的话会更加顺利)。

警告法的例子

师:哦,你不做是吗?好的,不用做了。我会把这个情况告诉你的下个学年的班主任。

生:别告诉!老师,我会好好做的!

警告法的用语

- 你的家长来学校了吧?
- 把这件事告诉教室里的所有同学。
- 让全校的人都知道吧。
- 把这件事告诉下个学年的主任吧。
- 把这件事告诉其他老师。
- 把这件事告诉中学的老师。

批评的语言 7

过度矫正法

闹着玩把茶水弄洒了吧？快擦干净。还要把旁边同学的桌子也擦干净。

知道了……

嗯？为什么别人的桌子也要擦？唉，已经这样了，没办法。今后要注意了……

过度矫正法的定义　针对学生的行为进行过度地矫正

　　教师针对学生的不当行为进行批评，让学生改正错误。在批评时，不仅要求学生恢复到原有状态，还要求其做到比原有状态更好。不仅要学生改正，还要优化。教师在提出要求后，需一直监督学生完成。

过度矫正法的例子

（提交的笔记本没有整理好）

🧑 师：A！笔记本要整理好了再提交啊，把其他同学的笔记本也整理好吧。

🧒 生：好的……（糟了，不整理好就交上去的话不行啊……）

过度矫正法的用语

- 返还时要还一整双筷子，把其他筷子也整理好拿回来。

- 把雨伞架弄坏了吧？把它修好后放回原处。

- 墙壁被泥弄脏了吧？把这一面墙弄干净。

- 你忘记带笔记本了吧？请写在这张纸上，回去后再抄在笔记本上。

案例9 | 当学生经常迟到时

Before(以前)────────────────

师：A！你今天又迟到了！

生：嗯……

师：8点30分开始上课，这是学校的规定，请认真遵守！

生：好……

师：真是的，你真是一个邋遢的人。

生：……（也不至于这么说吧，一点儿都不考虑别人的心情，反正老师认为我就是个无可救药的人呗。）

───────────────────

▶**思维转换的要点**

> 教师要认可学生，只批评其行为。

对于上例的分析

在这个例子中教师一味地训斥学生，并未体谅学生的心情，甚至说他是邋遢的人。

教师的这种不必要的斥责会给学生的心灵带来创伤，严重时或许会影响学生的一生，因此一定要注意。

批评包含 3 种形式，分别针对"结果""行为""存在"。当学生的考试成绩只有 30 分时，可能会出现如下形式的批评：①针对"结果"："30 分这个成绩，可不行啊"；②针对"行为"："你没有好好学习可不好啊"；③针对"存在"："考了 30 分的你真没用"。

这 3 种形式中，最有可能伤害到学生的是哪一种呢？

显然是③。虽说学生只得了 30 分，但教师不能指责他的人格有问题，要避免言过其实。

教师在对学生进行批评时，不能否定学生本人。应该在认可学生的前提下，按照①和②，只针对学生的"结果"和"行为"进行批评指正。

"你是一个好孩子，但你的这种行为是不正确的"，教师要在尊重学生的基础上进行批评。

After（之后）

师：A，最近怎么了？有什么事吗？

生：啊？没有啊……

师：最近总是迟到，这可不像是你做的事啊。

批评的语言 8：失望法

我有点担心你啊。　**批评的语言 9：重视法**

你是不是经常晚上熬夜学习啊？

生：是的，补习班的作业很多，有时就做到很晚……

师：是吗？在补习班努力地学习呢，但要注意身体，不要勉强啊。

生：知道了。

师：有规律的生活非常重要，当然学习也很重要，所以要调整好生活节奏。

生：好的。

师：大家正在教室里上课时，如果迟到的人突然进入教室的话，会分散其他同学的注意力。

为了不影响其他同学，你争取也早点来学校吧。

批评的语言 10：请求法

生：好……

师：从明天开始应该怎么做？

生：今晚早点睡，明天不迟到。（老师在担心我，嗯，尽量不再迟到了！）

批评的语言 8

失望法

A，现在上课呢，你在做什么呢？

啊？！

这可不像是你会做的事啊……
真让我失望。

失望法的定义 教师向学生表达对其感到失望的心情

失望法是教师向学生表达对其失望的心情的方法。可以用这样的语言来表达："明明十分相信你，而你的言行却令我非常失望。"教师在批评的同时，要向学生传达平时对其十分信任的心情。

失望法的例子

生：老师，这个怎么用？

师：刚刚已经讲过了，你怎么不认真听呢？你不会这么不认真啊，这不像是你的做事风格啊。

生：对不起……请再讲一次可以吗？（糟了，要认真听讲了。）

失望法的用语

• 说不出你的优点是什么。

• 你要严格要求自己，这样才能让别人认可你的能力。

• 你这么聪明竟然会做这种事。

• 你没有发挥出自己的优势，对此我感到十分惋惜。

批评的语言 9

重视法

正是因为关心你，我才这么说的。

知道了。

老师还是很重视我啊……

> 重视法的定义　　教师把重视学生的心情完全表述出来

教师需要强烈地表现出对学生的重视，在批评学生的同时表现出对他的期待，这样就能把教师期待学生成长进步的心情传达给他。

重视法的例子

师：听说你没有认真听音乐课？

生：不只是我一个人哦。

师：我当然知道不只是你一个人，之后我也会找其他人谈的。现在找你说这件事，与其说是为了整个班集体，不如说是为了你个人。

生：嗯……

重视法的用语

- 老师不会对做不到的人说这些话。
- 这是为了你长大后不会因此而困扰才说的。
- 有件事我想只告诉你。
- 对你的人生有好处。
- 因为重视你才这么说的。

请求法

刚刚上课时，你一直在聊天吧？你这样的话让我很为难。

对不起……

今后要多注意，不再聊天了。

A，你在学习上非常努力，我认为你一定能够做到认真听讲的，拜托了。

知道了。

请求法的定义 教师在表扬学生的同时，请求他遵守规则

教师应在认可学生的同时，向学生传达希望他做出怎样的改变。学生也有自己的想法，当他做出某种不当行为时，也一定是有某种意图的。因此，教师要在尊重学生的前提下要求他做出改变。

请求法的例子

师：有件事要和你商量，可以吗？

生：好，什么事？

师：你是班长，可现在班级的活动没有什么进展。希望你能够在这方面多想些办法，积极一些，拜托了。

请求法的用语

- 因为你可以做到，所以才拜托你。
- 这是只有你才能做到的事。
- 我有个请求，你能帮我吗？
- 正因为相信你才说的。
- 正因为是你，所以才请你帮忙的。
- 能听一听老师的请求吗？

在处理学生间的
争吵时，教师的立场

学生在同一间教室里学习，彼此之间难免会发生争吵。

因此，教师有时需要处理学生间的争吵。如果教师调解不当，可能会引起不必要的纠纷，学生家长以及校领导也会被卷入其中，还有可能发展成重大的问题。

多数情况下，教师调解失败的原因是学生认为自己没有得到老师的理解。当学生之间发生争吵时，双方都有各自的理由，教师要在理解双方心情的基础上进行调解。

在此介绍一种被称为"心理剧疗法"的方法。"心理剧疗法"是以演剧的方式进行的一种心理治疗方法。在应用这种心理疗法时，心理咨询师不断调换座位，坐到各个当事人的身旁，从他们的立场出发来阐述自己的看法。这样就与当事人产生了心理上的共鸣，并可以使其安心。同样的道理，当学生间发生争吵时，教师也应该适度地变换立场，表现出自己对双方的关切。

当教师需要站在某一方的立场上来表达意见时，就要靠近那一方的学生；当需要保持中立时，就可以站在双方的中间。这样就能分别从"A""B""中立"的立场出发来处理问题了。

Scene（场景）————————————

[吵架后（小学低年级）]

1. 听取👧的意见

👧 生：老师，👦打我。（边哭边说。）

😐 师：是吗？打到哪里了？（👧指给老师看。）这里啊？怎么打的？

👧 生：用石头，"啪"的一下。

😐 师：那一定很痛吧？👦为什么要打👧呢？

👧 生：不知道。

😐 师：是吗？那你想知道理由吗？

👧 生：嗯。

😐 师：怎么办才好呢？

👧 生：问问他吧。

😐 师：那一会儿我们一起去问问他吧。

2. 听取👦的意见

😐 师：刚才听说👦被你打了，是真的吗？

生：那是因为考试的时候，我明明没看她的试卷，可她却说"别看我的试卷，笨蛋"。

师：这样啊，她骂你是笨蛋啊。那你怎么想的呢？

生：我生气了。

师：哦，你因为生气就打了她吗？

生：（点头。）

师：明明你没看她的试卷，她却骂你是笨蛋，一定很生气吧？但是你打了她，她就会知道你是因为这个而生她的气吗？

生：她应该不知道。

师：那应该怎么做呢？

生：不应该动手打人，而是应该告诉她。

师：那你应该怎么告诉她？

生：不要说我是笨蛋。

师：好吧，那就这样告诉她。

3. 让两名学生面对面站着（教师站在两人的中间）

师：你来问问他为什么打你？

生：你为什么打我？（教师站到的身旁。）

师：突然被打了，吓了一跳吧？

生：（点头。）

师：你为什么打她呢？

124

生：……

师：，你说说。

生：……（哭了起来。）

（教师站到的身旁）

师：把刚刚和老师讲的话再说一遍，"因为被说成是笨蛋"。

生：因为你说我是笨蛋……我没看你的试卷。

师：听到别人说你是笨蛋，你很生气吧？

生：是的，我不喜欢别人这么说我……以后不要再说我是笨蛋了。

生：……

（教师站在两人中间）

师：说的时候没想那么多，可却因为你的话生气了，你应该和说些什么呢？

生：对不起。

（图）生：没关系。

（教师站到（图）的身旁）

（图）师：但是（图）也很生气，你什么话都没说就打了她，你应该告诉她为什么生气了，而不应该打她。

（图）生：好痛啊。

（图）师：很痛吧？什么都不说就直接打人，（图）应该怎么做？

（图）生：对不起。

（图）生：没关系。

（教师站在两人中间）

（图）师：（图）用语言伤害了（图），而（图）就发脾气打了人。今后你们两个人都要注意些什么呢？

（图）生：不再说别人是笨蛋了。

（图）师：嗯，这次（图）是在嘲笑（图）吧？今后不要用这种会伤人的话来嘲笑别人了，这样的事绝对不要

126

再发生了。要保证什么？

生：不再打人了。

师：对啊，沟通就能解决问题，不要用暴力了，更
　　不要用暴力来欺压别人。今后如果发生类似的
　　事情要怎么办？

生：告诉对方自己的不满。

师：嗯，要和对方沟通，如果告诉对方也没有用
　　呢？

生：告诉老师。

师：嗯，看来你已经明白了，我会好好帮助你们
　　的。你们都没有什么其他要说的话了吧？

（两个人都点头。）

师：那么，这件事就结束了！

　　如以上例子所示，教师可以通过不断移动自己的位
置来认真倾听双方的意见。

　　通过改变自己的立场，教师可以更好地化解双方的
矛盾。通过改变站立的位置，教师也更容易调整自己的

思维和情绪。

有时学生会表述不清，教师通过复述学生的话也可以教会学生如何表达。使用这种方法时，教师需要事先单独听取各方的意见，教师要把握好如何向学生表述自己的想法。

几天之后，那个打人的男孩对我说："老师，刚才C骂了我。但是我对他说，以后不要这样说我了。"

看到他自豪的样子，我知道经历了几天前的争吵事件，他成长了。

- 表扬
- 批评
- **提问**
- 鼓励
- 反向激励

第三章

提问的语言

何谓提问的语言

未来总是充满未知，随着人工智能的大规模应用，我们将无法预知未来会产生哪些问题。因此必须培养学生应对未知的能力，即并非只按要求做事，而是要具有独立思考的能力。

那么如何才能培养学生的思考能力呢？关键就在于教师要学会运用"提问的语言"。所谓"提问的语言"就是教师向学生提出问题时所使用的语言。教师在课堂上一定会向学生提问。比如，"主人公的心情是什么时候开始变化的呢"？

提问的目的是让学生思考，让学生自己去发现重要的事。优秀的教师通常可以将这个方法代入到实际的生活场景中。比如，教室里的共用书籍堆得杂乱无章。"教室里的这些书看起来乱七八糟的，真让人头疼啊，你们快整理一下"，如果教师采用这样的批评方式的确可以纠正学生的行为，却没有给学生预留思考的余地。因此教师可以这样问学生：

师：大家看看教室里的书被摆成什么样子了？

生：的确太乱了。

师：那应该怎么办呢？

生：我来整理吧。

下一次教师也可以这样问：

师：请大家看看教室里的书，有没有发现什么问题？

生：太乱了。

师：那应该怎么办呢？

生：我来整理吧。

如果教师打算进一步锻炼学生的话可以这样问：

师：大家注意到教室里有什么问题吗？

生：书太乱了，需要整理好。

这样，无须教师多说学生就能主动思考问题并付诸行动。

教师可以将"提问的语言"灵活地运用到各种生活场景中。学生通过回答教师提的问题而得出的答案并非是教师灌输给他们的，而是自行思考得出的。教师只是帮助学生去找出答案。

那么，为什么要通过"提问"来培养学生的思考能力呢？

我们先从微观层面来考查学生"发掘"答案的过程。

如右图表示，A 细胞发出信息，B 细胞的接收器获取信息。我们将这种对于临近的细胞产生作用的现象称为"旁分泌"。

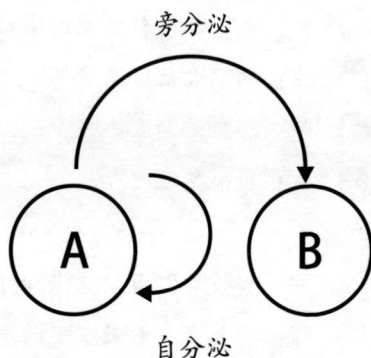

不过 A 细胞发出的信息对于其自身也会起到作用，我们将这种现象称为"自分泌"。同理，A 在对 B 讲话的同时，其实也是在对自己讲话。在与其他人对话时，只有把信息传达给别人，我们自身才能对这些信息有更深刻的认识。

有时学生需要很长时间才能回答教师的提问，这或许会给学生带来一些挫败感。但提问可以促使学生独立思考、探究，并尝试做出改变。有效的提问能激发学生的潜力，提高班级的整体水平。为了培养学生的独立思考能力，教师需要尝试使用有效的提问的语言。

提问的语言的要点

"教育"一词的英文是"education"，其词源是"educo"，意思是"引出"。原本教育的主要目的就是发掘人的潜在能力。

接下来我们通过以下例子思考一下如何通过提问启发学生。

Before(以前)————————————————

师：今天在全校早会上大家是怎么回事？！一直在聊天，太吵了！

生：……

师：连一年级的学生都知道在早会上要保持安静吧？

生：……

师：聊天的人站起来！

生：……

师：怎么？一个人都没有吗？！快点站起来！

生：……（哎，没完没了了啊，还要继续吗？能不能快点结束啊？）

如果像上述例子中的教师那样歇斯底里地训斥学生，那么即便学生听从了，也并不能说明教师的教育方式发挥了作用，只不过是学生在教师的胁迫下做出了妥协而已。只有学生独立思考并主动纠正错误行为时，才能说教师做出了正确的指导。教师应该通过教导来促使学生思考"什么事不能做""为什么不能做""今后应该怎么做"等问题，我将教师有效提问的要点总结为以下4点：

1. 让学生说出教师想说的话

当学生做出一些不当行为时，教师应该会有一些"想对学生说的话"，但是注意这些话不要从教师的口中说出。人在听从他人的教导时多少会有些抵触，但是对于自己说出的话却会付诸行动。因此，为了让这些话从学生的口中说出来，教师需要反推出"问题"。

2. 记录

既然是开动脑筋想出的答案，如果下次忘记了就毫无意义了，因此需要记录下来。如果不做记录的话，学生就会认为"对于大家一起商量后决定的事情，不去执行也没关系"。建议教师最好将学生针对提问进行思考后而得出的结论写在纸上或黑板上，总之记录在学生可以看到的地方。

3. 评价事后行动

　　教师需要确认针对提问而得出的最终方案是否被执行，并且对学生行为的改进程度进行评价。

4. 将全班同学当作"一个人"

　　运用提问的语言是教师教导学生的方法之一，而教导通常是以某个人为对象进行的，只不过在班级里，教师很难将每一个学生都作为指导对象。因此，教师在班级里使用提问的语言时，最好将全班同学当作"一个人"来进行沟通。

After（之后）

师：请大家回顾一下自己在今天早会上的表现，如果满分是5分，请大家给自己打分。

生：3分。

师：得3分的同学想一想你们为什么得不到满分呢？

生：因为在早会上聊天了。

师：嗯。为什么在早会上不可以聊天呢？

生：会打扰认真听讲的人。

师：是啊，还有其他原因吗？

生：会打扰正在讲话的人。

师：今后要注意什么呢？

生：在早会上不说话，安静地听讲。

师：说得对，为了避免下次忘记，要怎么办才好呢？

生：把刚刚说的话写在纸上，并贴在墙上。

师：好，哪位同学来写一下？

生：我来写吧！

师：谢谢。请同学们下次去参加早会之前先确认一下
　　这张纸上写的要求。

黄金圈理论

　　教师需要事先整理好思路再提问，即使是在课堂上，教师也不会不假思索地提出问题，通常教师都是在仔细考虑后才向学生提问的。如果教师不思考而只让学生思考的话，就显得不负责任。

　　教师在进行思考时，可参考下图。这是由美国著名的营销顾问西蒙·斯涅克（Simon Sinek）所提出的"黄金圈理论"。如下图所示，西蒙·斯涅克利用3个同心圆来说明如何促使人积极努力地做好事情。

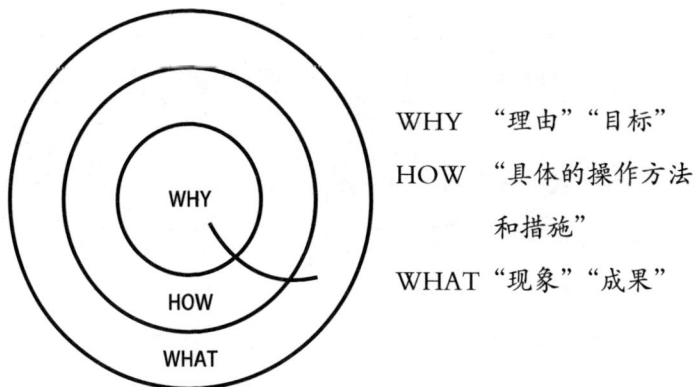

WHY　"理由""目标"
HOW　"具体的操作方法
　　　和措施"
WHAT　"现象""成果"

多数情况下教师都是自圆周出发，由外向内思考问题的。我们可以用决定合唱节要唱哪首歌来举例。"我们决定在今年的合唱节演唱这首歌（WHAT），我们要做到高音和低音协调配合（HOW）"，但是这样就不清楚"理由""目标"（WHY），当然也就很难让学生都积极地参与了。

为了激发学生的动力，教师应该自圆心出发由内向外地进行说明。"我希望能借助今年合唱节的机会来提升同学们的协作精神（WHY）。因此，在演唱时希望同学们的高音和低音能配合得更加协调（HOW），为了达到这个目标，我们来唱这首歌吧（WHAT）。"如果教师这样说，目标就非常明确了，教师和学生都会积极地为了目标而努力。

教师需要先思考活动的理由和目标（WHY），而理由是非常重要的。但在很多情况下，学校的一些活动是很难提出明确的理由的。并且通常是出于以下原因：

"被学校安排了指导的任务。"
"因为每年都这么做。"
"其他班级也这么做。"
"总之就是这么做的。"

教师一旦被这样的想法所左右，学生也就自然无法干劲十足地付诸行动了。因此，教师要按照以下步骤来开展活动：

①确定目标（WHY）。

②目标确定后再考虑怎么做（HOW）。

③进一步考虑具体要做什么（WHAT）。

④将这些内容全部记录下来。

如果教师很难理清开展活动的思路，那么学生更会感到一头雾水。因此，教师可以先向自己提问，无论是活动的目标还是流程都要考虑，在做好这些准备工作之后再去解答学生的疑问吧。

教师可以向自己提出以下问题：

WHY

• 这个活动的目标是什么？

• 要达到什么程度？

• 想要通过活动提高学生的哪些能力？

HOW

• 怎样才能实现那个目标？

• 什么样的活动态度比较合适？

• 怎样才能达成目标？

WHAT

• 应该做什么？

• 要执行到什么程度？

• 搭配什么比较适合？

案例 10 | 当学生对练习运动会舞蹈没有热情时

Before(以前)

师：今天我们要开始练习在运动会上跳的舞蹈了，大
家都尽快加入练习吧！

生：啊，好麻烦啊……

（正在练习运动会舞蹈）

师：怎么这么不认真？！别忘了你的家长也会来观看，
难道你想让他们看到非常差的表演吗？

生：……（又不是我想跳舞的。）

师：不想跳的话就出去！别妨碍认真练习的同学！

生：我会认真练习的……（哼！这种舞蹈用得着这么
认真练习吗？）

▶ 思维转换的要点

首先设定共同的目标。

对于上例的分析

上述例子中提到的舞蹈练习，往往因为时间紧张而在运动会开始前匆匆忙忙地开始准备。所谓没有目标的活动通常都与这种舞蹈练习类似，教师会对学生说："来，开始练习吧！虽然没有什么目标，但是一定要尽快练好！"但若想让学生都能努力练习，就有必要给这些活动设定一个预期的目标。

这时，师生可以通过协商来共同确定目标。一旦确定了目标，大家就会为获得实现目标后的益处而努力。创造力也会随之提升，甚至预先设想成功后所带来的感动。在这种成功预想的基础上，大家实现目标的决心也会变得更加坚定。

如果确定了目标，也就确定了努力的方向。在此之后的活动中就可以更加明确地判断行动是否偏离了目标路线。

After（之后）

师：我们从今天开始练习舞蹈，在练习开始前大家先思考一下在运动会上跳舞的理由吧。

生：我想是为了让观众看到我们的努力和进步吧。

师：是吗？那什么样的舞蹈才能让人感受到大家的努力和进步呢？

提问的语言1：选择法

①冗长乏味的舞蹈；

②非常普通的舞蹈；

③能让观众感动的优秀舞蹈。

大家觉得哪个好呢？

生：③好！

师：现在大家闭上眼睛想象一下自己的舞蹈获得观众称赞的情形。

你们有什么期待吗？ **提问的语言2：想象法**

生：想让家人感动到流泪。

生：想让低年级的同学崇拜。

师：为了能够实现这些愿望，大家在今后每一天的练习中应该怎样做呢？

生：我觉得不松懈地坚持练习是最重要的。

生：每天都努力练习。

师：好，让我们一起来努力跳出优秀的舞蹈吧，如果大家的目标一致，老师也会全力支持你们的。

（在练习舞蹈时有个学生非常不认真）

师：你怎么不好好练习？怎么了？

生：嗯……（呀，糟了，被老师看到了。）

师：我们的目标是什么呢？　**提问的语言 3：目标法**

生：要跳出能感动观众的舞蹈。

师：没错，是大家一起决定要跳出能让观众感动的舞蹈的，可现在的练习状态能实现这个目标吗？

生：不能……

师：那要怎么做？放弃这个目标吗？

生：不，我想好好跳。

师：是吗？既然想跳好就努力练习吧。

生：好。（必须好好练习，因为这是我们自己决定的目标……）

选择法

选择法的定义　让学生从选项中确定目标

　　教师可以给出 2~4 个选项作为解决问题的对策，让学生从中选择，之后确定集体和个人的目标。

选择法的例子

师：你打算就这样放任自己，还是要成为积极努力的人呢？你打算怎么做？

生：我想成为积极努力的人。

选择法的用语

• 有 3 种生活方式，请做出你的选择。

• A 和 B，你选择哪一个？

• 虽然很辛苦但却很开心的生活，虽然很轻松但却很无聊的生活，你想选择哪一个？

• 现在正处于岔路口上，请选择你想要前进的方向。

提问的语言 2

想象法

大家想要参加什么样的毕业典礼呢?

值得一生回忆的毕业典礼。

那我们就朝着这个目标去努力吧,大家想象一下在那样的毕业典礼上你的感受如何呢?

能在这所学校里学习真的是太好了!

想象法的定义　让学生想象一下获得成功时的情景

教师可以让学生想象一下获得成功时的情景，并在想象中感受自己的想法和周围人的反应，从想象中唤起学生对体验成功的强烈热情。

想象法的例子

师：你觉得如果成功的话，周围的人会说什么呢？

生："真不错啊！"我想他们会表扬我的。

想象法的用语

* 谁会为你的成功而高兴呢？
* 试着让成功的感受像气球一样膨胀起来吧。
* 如果这样做的话，你会在哪些方面取得进步呢？
* 如果每天都这样坚持的话，你觉得会有什么变化呢？
* 如果做到这件事的话，你会有什么样的感受呢？

目标法

我们的目标是什么呢？

举办一场能让全校师生都开怀大笑的聚会。

是啊，现在这样的状态肯定不行啊。

目标法的定义　让学生思考活动的目标

　　确立清晰的活动目标，将这个目标作为大家努力的方向，并时常确认是否在朝着这个既定方向前进，以此来修正大家的行动和态度。

目标法的例子

🧑 师：怎样才能算得上成功的活动呢？

🧑 生：让大家感到快乐的活动。

目标法的用语

- 你想成为什么样的人？
- 你觉得现在的行为符合班级的目标吗？
- 你觉得要达到什么程度呢？
- 大家来确定目标吧。
- 你们上学的目的是什么呢？
- 你想达到什么水平呢？
- 要以什么为目标去努力才好呢？
- 想要得到什么样的结果呢？

当教室的窗户紧闭时

Before(以前)

（早上教师进入教室后）

师：窗户关着呢。

生：是的。

师：不打开窗户空气就无法流通，这样对身体是有害的。

生：（嗯……那你自己打开不就行了吗？）

师：以后同学们发现窗户关着时要记得打开啊。

生：（谁会管那些闲事！）

▶ **思维转换的要点**

教师通过提问让学生发现问题。

对于上例的分析

在上述例子中教师告诉学生："当同学们发现窗户没有打开时，请及时把窗户打开。"虽然这位教师的做法没有什么问题，但更好的方法是能让学生将"窗户关着"这件事当作一个需要解决的问题来看待。如果在学生的头脑中可以逐渐形成问题意识，那么前文所提到的自分泌就会随之产生。如果教师询问目前的问题有哪些，就会有很多学生提出自己的见解，这样就会有无数个问题产生，学生也会很享受提问题的过程。此时，学生会把提问题当作"找不同游戏"一样，乐于参与其中。

教师应该继续引导学生提出更加详细的意见，可以问学生："之后呢？又怎么样了？"一步步引导学生深入问题。这在教导的语言中被称为"下切法"。如果教师反复多次地提出这样的问题，学生就能够逐渐开始独立思考。这样，即使教师不问，学生也能自行思考并付诸行动。

这样，教师可以通过提问的语言来培养学生发现问题，并思考解决对策的能力。

After（之后）

师：大家观察一下教室，有没有发现什么问题？

> 提问的语言 4：发现法

生：有很多垃圾。

师：是啊，真糟糕，还有什么其他问题吗？

生：……窗户。

师：能说得再详细一点吗？ 提问的语言 5：扩大法

生：窗户关着呢。

生：教室里的空气会变差。

师：是啊，要是谁能把窗户打开就好了。

生：值日生负责打开窗户就可以了吧?

生：值日生休息的时候怎么办呢?

生：看到窗户关着的人打开就行了。

师：对啊，注意到的同学就马上打开吧。

师：还有别的吗?

（很多同学都说了自己的意见）

师：现在给大家一分钟时间，动手改善一下你所发现
    的教室中的问题吧。

提问的语言 4

发现法

请大家观察一下教室，发现什么问题了吗？

黑板上的日期还是昨天的。

还有没有其他的问题呢？

发现法的定义　促使学生主动发现问题

在问题很多的情况下，教师应促使学生主动发现问题，先让学生提出各种意见和想法，教师再一一进行评价。尽量让学生多提出一些建议，以此来培养他们的观察能力。

发现法的例子

🙂 师：现在进行的活动中存在的问题是什么？

🙂 生：男女同学没有很好地配合。

🙂 师：是啊，让我们一起思考一下怎样才能把活动开展得更好。

发现法的用语

- 大家有没有觉得教室里有什么问题？
- 需要改善的是什么？
- 哪位同学知道为什么要重新再做一遍？
- 哪位同学注意到了什么？
- 不行啊，哪位同学知道失败的原因吗？
- 需要改正哪些地方呢？
- 还有其他问题吗？
- 哪里有问题呢？

提问的语言 5

扩大法

扩大法的定义　教师继续对学生的回答进行详细的询问

　　当学生所说的内容抽象或不明确时可以使用此方法，即对于学生提出的一些建议，教师要进一步详细地询问具体情况。

扩大法的例子

🧒 生：我认为今后在班级里同学之间应该互相帮助。

👨 师：互相帮助。嗯，能再详细地说明一下吗？

🧒 生：比如，当谁有困难时就主动询问并帮忙。

扩大法的用语

- 具体来说呢？
- 可以举个例子吗？
- ……然后呢？
- 能详细地告诉我吗？
- 也就是说要怎么办才好呢？
- 可以再简单地说明一下吗？
- 能帮我清楚明白地转达给大家吗？
- 请告诉我一部分具体的内容。

案例12 | 当经常有学生在教室里受伤时

Before(以前)

😐 师：最近有很多同学在教室里受伤，所以今后在教室
　　　里禁止追逐打闹。下雨天不能出去，在教室里更
　　　要注意安全。

😀 生：好。

（休息时间）

😀 生：玩吧！哇！

😠 师：喂！刚才不是说了不让在教室里打闹吗？！

▶ **思维转换的要点**

> 促使学生发现原因，并想出对策。

对于上例的分析

　　学生们当然也知道经常有人在教室里受伤，但是却连
"为什么会受伤""怎么做才能避免受伤"这样的问题都没

有考虑过。因此，教师需要通过提问，让学生思考之所以会产生这些问题的原因。

　　最初学生会说出各种各样的意见和想法，教师应该归纳和总结这些意见，这在教导的语言中被称为"上推法"。当各种各样的意见被提出后，教师需要整理、归纳和总结它们。这样，学生的各种意见和想法就会被整合起来，并最终形成一个统一的意见。之后，教师可以把这个统一的意见作为班级的规定保留下来。让学生们习惯用这一系列的流程解决问题。

After（之后）

师：最近有很多同学在教室里受伤，大家觉得是什么原因造成的呢？　**提问的语言6：原因法**

生：我觉得是因为经常有一些同学在教室里跑来跑去。

师：是这样啊，还有其他原因吗？

生：有人在走廊里咚咚地打球。

师：嗯，还有吗？

生：有的同学在桌子旁边挂了很多东西。

师：同学们觉得要怎么做才能避免受伤呢？

生：不要在教室里乱跑。

生：如果有同学在教室里打闹，需要提醒他注意。

生：休息的时候就应该在教室里安静地看看书。

师：那我们来总结一下同学们的意见，今后应该怎么做呢？ **提问的语言 7：总结法**

生：不要在教室里做危险的事，如果谁发现有哪位同学违反了这个规定就要提醒他注意。

师：嗯，对啊，大家都要遵守啊。

原因法的定义　让学生思考产生某些问题的原因

　　针对存在的问题，学生会有各自的想法。教师应该帮助学生去发现造成这些问题的原因，并让他们思考应对方法。有些时候，学生只是大概知道"这是不好的事情"，但却不知道为什么不好。因此，教师应该让学生进行具体分析，弄清楚是什么导致了这些问题的出现。

原因法的例子

师：如果你们一直这样聊天的话会怎么样呢？
生：我们就没有时间学习了。

原因法的用语

• 谁会感到困扰呢？
• 你觉得哪里不对？
• 出现这种状况的原因是什么？
• 必须要改变什么呢？
• 是怎样的做法导致这种结果的呢？
• 请思考一下原因是什么吧。
• 这件事的契机是什么呢？
• 为什么不能这样做呢？

总结法

总结法

总结法的定义　将所有的意见整合为统一的内容

　　教师让学生们提出各自的意见和想法并进行整合，尽量将所有的意见和想法都包含在内，形成一个统一的意见。

总结法的例子

师：对于目前班级里存在的问题，同学们提出了很多意见，如果我们总结一下这些意见，它们有什么共同之处呢？

生：无论做什么都要考虑到周围人的感受。

总结法的用语

- 也就是说，会有怎样的结果呢？
- 关键词是什么？
- 全部都可以实现的话，结果会怎样呢？
- 能不能试着总结成一句话呢？
- 试着综合一下大家的想法吧。
- 哪个意见最重要呢？
- 简单来说这是怎么回事呢？
- 如果将大家的想法整合起来的话呢？

案例 13 | 当同学们都不想举手回答问题时

Before(以前)

师：哪位同学读一下课文？

生：……

师：读错了也没关系。

生：……

师：为什么大家都不举手？

生：……（读错了会很不好意思。）

师：同学们勇敢地挑战一下吧！读错了也没关系！

生：……（不，还是不行！）

▶ 思维转换的要点

考察方法。

对于上例的分析

上述例子中的学生们并不是完全不想举手，而是没有勇气举手，也就是对出错抱有恐惧感，所以没有勇气挑战。

学生经常会嘴上说得非常漂亮却不付诸行动。因此，教师可以按照理想→现实的顺序来提问，让学生注意到理想和现实的差距。

首先确认目标，然后让学生进行自我评价。让学生先注意到还未完成的目标，在此基础上敦促他们制订计划以达成目标。

After（之后）

师：哪位同学读一下课文？

生：……

师：现在请大家考虑一下，六年级第二学期有讨论课，到时需要大家在课堂上自由地发表自己的意见，那么同学们来思考一下，在那之前需要具备什么样的能力呢？ **提问的语言 8：数值化法**

①什么都不会；

②能够朗读；

③能说出自己的意见；

④可以边看笔记边讨论；

⑤可以不看笔记进行讨论。

大家想要达到哪个等级呢？请举手回答。

生：等级④。

生：等级⑤。

师：那么大家认为现在自己处于哪个等级呢？

生：……等级①。

师：无法朗读的同学，当然根本谈不上进行讨论了。因此，同学们首先要做到什么呢？

提问的语言 9：步骤法

生：朗读。

师：同学们自己来决定要怎么做。

提问的语言 10：反省法

生：……（是啊，必须要练习朗读啊。）

师：哪些同学觉得现在这样就不错？

生：……

师：那么，哪些同学想要改变？

生：（全体举手。）

师：那谁来读一下课文？

生：我。（所有同学都举手了。）

提问的语言 8

数值化法

如果满分是 5 分的话，你给自己打几分？

这么说来，最近的确常常开小差。

嗯，3 分吧……

数值化法的定义　让学生的自我评价数值化、具体化

　　如果不对活动进行具体的评价就很难得知其完成度有多高，而通过让学生给自己的行为打分或进行类比的方法，可以使他们对自己目前的状态有一个清晰的认识。

数值化法的例子

师：如果拿老母鸡、小鸡和鸡蛋来比喻，同学们从目前自身的水平来评价，你们认为自己正处于哪个阶段？

生：小鸡。

师：那么你们觉得自己有什么不足吗？

数值化法的用语

- 如果给你自己一个评价的话，你认为应该是"非常好""合格""还要努力"中的哪一个？
- 满分为 100 分的话，你认为自己现在能得多少分？
- 我们要完成画一座山的目标，大家目前进展到哪一步了呢？
- 试着用手的高度来表示自己的水平吧。

提问的语言 9

步骤法

步骤法的定义　确认某项活动的每个步骤

　　如果决定了某件事的目标或方向，就要认真地确认每一个步骤。教师可以通过"然后呢？""接下来呢？"这样的问题来敦促学生按照步骤认真执行。

步骤法的例子

　　师：你觉得接下来该做什么？

　　生：完成的人可以先回到自己的座位等待，在这期间可以读书或者做一些其他的事情。

步骤法的用语

- 首先要做什么？
- 按顺序说一下要做的事情。
- 那之后做什么？
- 要在什么时间之前完成？
- 能做到什么程度呢？
- 让谁来帮一下忙？
- 要怎么做呢？
- 接下来该做什么呢？

提问的语言 10

反省法

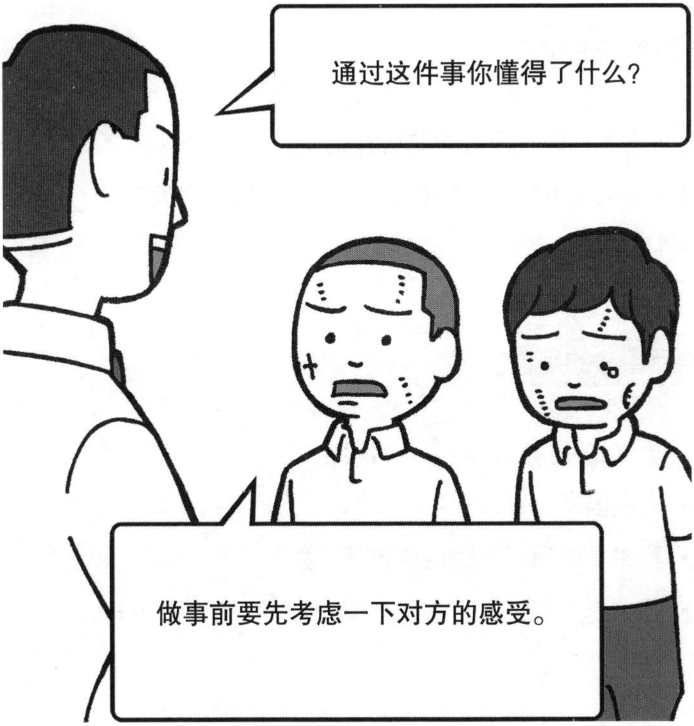

反省法的定义 让学生对自己的错误行为进行反省

教师应该让学生反省自己的错误，谁都会犯错，但是为了以后不再重复犯同样的错误，需要考虑一些对策。

反省法的例子

（当学生打破班级里的花瓶并说谎时）

师：如果下次再发生同样的事应该怎么做？

生：马上诚实地告诉老师。

反省法的用语

• 为了记住这个应该怎么做呢？

• 自己的不足是什么？

• 如果重新做一次的话应该怎么办？

• 如果针对已经完成的事做出评价的话，可以说些什么呢？

• 你自己决定接下来应该怎么做，你打算怎么办？

专栏 三

应对说谎的学生的对策

有时学生会说谎，从不必太在意的小谎到也许会发展成涉及学校层面问题的大谎，他们的谎言多种多样。如果学生的谎言可能给他人带来伤害，教师就必须立刻采取对策。

看穿谎言是非常困难的，尽管如此，教师也不能一味地责问："事实上这件事是你做的吧？"

如果方法得当，那么看穿谎言就变得极其简单了，最好的方法就是"提问"。我们可以思考一下这样的场景：某个学生拿了同学的铅笔，却坚持说"这是我自己的"。

师：A，那支笔是从哪儿拿来的？

生：从家里，是奶奶给我的。

师：哦，什么时候给你的？

生：嗯……大约四年前。

师：是在哪里买的？

生：商场。

师：那你一直把这支笔放在家里吗？

生：嗯……是的。

师：奶奶为什么送你这支笔？是用来庆祝什么的礼物吗？

生：不是，是奶奶给弟弟买的，多余的就给我了。

师：嗯？这支笔是奶奶给弟弟买的吗？

生：嗯。

师：嗯？和刚刚说的不一样啊，什么时候给弟弟买的？

生：大约是在给我这支笔的一年前买的。

师：那就是5年前买的，没错吧？

生：嗯，没错。

师：你确定吗？

生：嗯，我确定。

师：……那就有些奇怪了，这支带有卡通人物的铅笔好像是最近的新产品啊，如果是5年前的话，那还没有生产呢。

生：啊……

师：说实话吧。

生：……是我拿了同学的铅笔。

在询问说谎的学生时，只要不是诱导审问，教师可以采取"不断重复相同问题"的方式。为了解决问题就

要了解事实，教师应尽量仔细地询问学生，并且在联系学生家长前也需要事先了解详细的情况。

但是在弄清真相之前，教师不能简单地断定。询问学生时的要点就是"教师要把自己当作火星人"，也就是要做到像外星人一样对我们的一切都感到不可思议，向学生反复提问。

谎言会包含一些不合理之处，因此教师需要通过提问挖掘出与事实不相符的部分，先找到一个小漏洞，然后从那里开始发掘出真相。

教师的职责并不是揭穿谎言，因为教师既不是警察，也不是检察官，更不是侦探。在揭穿谎言之后，对学生进行教导是非常重要的，要提醒学生：说谎会给很多人带来困扰，说谎的人会失去他人的信任，还有可能伤害到自己和他人……因此一定不要说谎。教师要能识破学生的谎言，并把学生引导到正确的方向上去。

此外，如果教师认为某些谎言对于教育学生是有必要的，那么有时也可以忽略学生的一些小谎言。

- 表扬
- 批评
- 提问
- 鼓励
- 反向激励

第四章　鼓励的语言

何谓鼓励的语言

当学生烦恼或失落的时候，你作为教师能够很好地鼓励他们吗？有时学生并不接受教师的鼓励，先看看下面的例子。

Before(以前)

（在朗诵大会开始前学生哭了起来）

师：怎么了？不用那么紧张，没关系的！

生：……（正是因为紧张所以才哭的！）

师：你不是都练习很长时间了吗？来，试试看吧！

生：……（完全不行！）

接下来我们考虑一下有没有更好的鼓励方式。

在体育大国美国，各种鼓励技巧被广泛应用。为了更好地面对竞争，运动员们需要不断地磨炼技能，以便在运动场上将自身水平发挥到极致。此时，教练和指导员们都会通过鼓励的语言来提高他们的斗志。在比赛正式开始之前，教练会从参赛运动员的角度出发，说些鼓励他们的话。

这种带有鼓励技巧的语言被称为"鼓励性语言"。

　　鼓励性语言是指教练和指导员在比赛前为了提高运动员的士气而说的话，通常只要一分钟就能激起运动员的斗志。很多企业将这种鼓励性语言引入企业管理中，主要是帮助领导激励团队成员。

　　鼓励性语言一般由 4 个部分组成。教师按照顺序说完以下 4 个部分的内容，鼓励性语言就完成了。

---

　　①理解（理解学生的烦恼）；

　　②转换（转换学生的思维方式）；

　　③行动（促进学生的行动）；

　　④鼓励（鼓励学生）。

　　接下来让我们看看具体应用的例子吧。

After（之后）

🙂 师：现在非常紧张吧？你的家人也会来看，所以你才会担心能不能发挥出最好的水平，我能够理解你的心情。**理解**

🙂 生：……（是的，我感到非常不安。太好了，老师能理解我。）

🙂 师：你是因为想要发挥出最好的水平，才会非常紧张

的吧？这说明你希望别人看到自己最优秀的一面，也说明你想要进步。 转换

生：……嗯。（是吗？听老师这么说，似乎很有道理啊。）

师：你可以回忆回忆。到目前为止做了多少练习。现在就让大家看看你这么辛苦练习的成果吧。 行动

生：……（确实做了很多练习啊。）

师：那就大声地朗诵吧。你一定能做好！ 鼓励

生：好！（嗯，那就试试看吧！）

鼓励的语言的要点

　　有时学生明明想要努力，可教师的鼓励反而给学生带来了压力，削弱了学生的干劲。鼓励的语言多用于学生状态不佳时，所以要仔细考虑后再使用。接下来先看看下面这个使用不当的例子吧。

Before(以前)————————————————————

（在跳绳比赛开始前）

师：一定不要失败！

生：（啊，那万一失败了怎么办？）

师：（糟了，刚刚的话有点儿说过了。）失败很可怕吧？但是没关系，你竭尽全力地做过很多事，背诵乘法表不就是因为你能够坚持练习才记住的吗？现在或许很辛苦，但是只要努力就一定会有回报的。嗯，努力也许不能立刻看到成果，不过也许将来就会有成果的。可是尽管如此……

生：（老师到底想说什么啊？完全不知道。老师的话让我更加不安了。）

师：总之，希望你的努力能给全校带来一股积极向上的风气！

生：……（什么？老师在说什么？）

师：你一直都非常努力，我相信你一定可以做到！

生：……（我不是个努力的人！够了！）

使用鼓励的语言时要注意以下 4 个要点：

1. 使用积极的语言

据说人类大脑很难摆脱语言的影响，例如，如果有人说："请不要想象在手掌上跳舞的淡蓝色大象。"听到的人反而会不自觉地想象。同样的道理，如果教师告诉学生："不要失败。"学生的脑海里反而会出现失败的画面。因此，教师不要对学生说负面的话，而要使用积极向上的语言。

2. 使用简洁的语言

语言越是冗长就越容易包含很多不必要的词语和无意义的重复。另外，人们在听冗长的内容时需要耗费很多精力。而简洁的语言则会让对方很快就可以理解并开始行动，因此教师在讲话时需要选择合适的语言。

3. 使用易懂的语言

当学生紧张不安的时候，如果教师还说一些难懂的话，往往容易导致学生听不明白，从而错失获得鼓励的机会。因此，教师应使用能让学生听得懂的语言来鼓励他们。

4. 说一些学生最想听的话

有一些话是学生非常期望听到的，教师应该了解到这一点，然后说一些学生想听到的内容。教师可以从学生的表情、动作、性格等方面考虑其最想听到的内容，然后把这些话告诉学生。

After（之后）

（在跳绳比赛开始前）

师：现在你一定非常担心，一直在想如果失败了怎么办吧？但是，别担心。

生：（是吗？）

师：付出努力就一定会有回报的。老师知道你一直坚持早起练习。而且即使失败了，同伴们也一定会继续挑战的。

生：（对啊，还有其他伙伴呢。）

师：加油啊，将你的实力完全发挥出来吧！

生：（好，加油！）

将真心话告诉学生

Before(以前)————————————————————

（学生在走廊里哭泣，情绪十分低落）

😟 师：你也有很多优点，你一定没问题的，老师支持你。

😟 生：……（老师心里才不是这么想的呢。）

————————————————————————————————

　　老师说的话到底是发自内心的真心话，还是只不过是随便说说，学生是能够感受到的。关于这一点，只要回想一下自己小时候的事情就明白了。受学生欢迎的老师往往说真心话，而学生不喜欢的老师往往总是在说面子话。相较于成年人，孩子对于"是否真心"这一点更加敏感。如果教师没用发自内心的真心话来鼓励学生，那学生非但不会感激，反而认为自己像是被教师操控了一样，会有非常不好的感受。因此，教师在使用鼓励的语言时一定要真心实意。要注意通过眼神、表情、动作来向学生表达发自内心的鼓励。

　　在那之前先尝试挑战以下课题吧。

- 先在镜子前练习一遍想对学生说的话。
- 模仿电影或电视剧中的人人皆知的场景。
- 鼓励家里养的宠物和培育的植物。
- 将鼓励的场景录下来并回放看看。
- 鼓励家人。

After（之后）

师：(坐在学生旁边。) 一定很难受吧？我理解你的心情。

生：嗯……

师：你一直都非常努力，所以没问题的，痛快地哭一场，然后回教室吧。

生：嗯……（老师说的是真心话，心里舒服一些了。）

案例 14 | 当学生忘记想说的话时

Before(以前)

师：你能说明一下这个问题吗？

生：好，嗯……

师：怎么了？

生：……（突然不知道想说什么了。）

师：不用那么紧张，没关系的！来，说说看！

生：……（怎么办呢？大脑一片空白。）

师：真是的，你怎么一直不说话，不知道你想说什么。
真拿你没办法，坐下吧。

生：是……（不想再回答问题了！）

▶ 思维转换的要点

理解学生的想法。

对于上例的分析

任何人都会有感到紧张不安的时候。教师总是想要
"解决学生的问题""改变学生的想法"，因此急于下结论。

对于学生的消极情绪总是简单地给予否定。

　　这个例子中的学生站了起来，却突然不知道要说什么了，呆在那里。由于太紧张，他的思维已经凝固了。如果此时教师仍然追问处于这种状态的学生，那么这个学生也许今后就再也没有勇气发言了。

　　学生有自己的想法，他们会想："必须要想办法做到。"虽然想要做到，但是因为太紧张了，反而怎么也做不到。因此，教师首先要做的就是理解学生的这种不安的心情。教师要在情感上与学生产生共鸣，可以像鹦鹉学舌一样重复学生的话。比如，如果学生说"好难"，教师也说"好难啊"，学生说"好可怕"，教师就重复说"好可怕啊"。

　　通过语言上的步调一致来稳定学生的情绪，并且可以通过重复学生的动作来表现出对其心情感同身受。教师要尽量理解学生的心情，尝试感受他们的不安。

After（之后）

生：……（突然不知道想说什么了。）

师：……在大家面前讲话一定会很紧张吧?

　　鼓励的语言1：理解法

生：……（是的，很紧张！）

师：老师小时候有时也会忘记想要说的内容，所以我
　　能理解。鼓励的语言2：示例法

生：……（老师也有过相同的经历啊！）

师：如果忘了，就说："我忘了，一会儿再说。"这样
　　就可以了。鼓励的语言3：倾诉法

生：我忘了，一会儿再说。

师：说得不错，这样就可以了。一会儿想起来的话就
　　再说一下吧!

生：好的。（嗯，一会儿再鼓起勇气回答吧！）

鼓励的语言 1

理解法

大家都没有认真听你讲话，一定很难过吧？我能理解。

嗯……

老师能理解我的心情，太好了……

理解法的定义　教师应该理解学生的心情

教师应该在情感上与学生产生共鸣，如果学生说"很难过"，教师也可以说"很难过吧"，坦然地接受事实，尝试着理解学生的感情，并用语言表达出来吧。

理解法的例子

（学生对上学这件事感到不安而哭泣）

🙍 生：呜呜……

🙂 师：来到学校有些不安吧？大家都有过一样的感受。

🙍 生：嗯……（太好了，原来大家都是一样的。）

理解法的用语

- 很辛苦吧？
- 辛苦了。
- 那是当然。
- 很难过吧？
- 不容易吧？
- 现在这样已经很好了。
- 想哭吧？
- 那种事的确很常见。

190

鼓励的语言 2

示例法

> 以前老师也做过这样的事。

> 啊，老师也做过？！那我或许是可以改正的。

示例法的定义　将自己或他人的经历作为范例告诉学生

　　教师将自己或他人的与学生类似的失败经历告诉学生，这样可以从心理上安慰学生。学生在了解了其他人的经历后就可以感到"原来还有人和自己一样"，教师最好储备一些"失败的例子"。

示例法的例子

　　师：以前教过一个学生和你一样，也经历了这样的失败。

　　生：咦，除了我以外还有其他人啊！

示例法的用语

- 在其他学校也发生过这样一件事。

- 老师的家人也做过类似的事情。

- 了不起的人也会犯错误。

- 老师的朋友中也有有着同样失败经历的人。

- 曾经有过同样失败的经历。

- 我见过犯同样错误的人。

- 以前发生过这样一件事。

- 有这样一句谚语："智者千虑必有一失。"

鼓励的语言 3

倾诉法

有人突然用石头打我。

这种情况你可以发火。

是吗？可以发火啊。

倾诉法的定义　教给学生如何表达情感

　　有时学生会压制自己的情感，他们觉得自己不能发脾气、不能哭。久而久之这样的方式就会成为学生的习惯，并且影响他们的行为。教师应该帮助学生解除这种对于内心的限制，促使他们敢于表达自己的情感。

倾诉法的例子

师：现在一定很难过吧？

生：……（点头。）

师：难过的话就哭出来吧。

倾诉法的用语

- 这样说就好了。
- 可以喊出来。
- 生气的话就发泄出来！
- 不是还有其他想法吗？
- 可以像 A 同学那样说出来。

- 都说出来吧。
- 像这样模仿老师试试。
- 试着表达自己的情绪。

案例 15 | **当学生因为和朋友相处得不好而苦恼时**

Before(以前)

（A 坐在走廊里哭泣）

师：怎么了？

生：总是和朋友吵架……我真是一无是处啊……

师：是吗？真是令人难过的事啊……

生：我也没有像其他同学那样的特长，也许今后也交不到朋友了……

师：没有自信了啊？

生：嗯，我已经没有干劲了。

师：这种心情的话……肯定很痛苦啊……

生：……（和老师谈话后，怎么总觉得心情越来越差了……）

▶ **思维转换的要点**

承认某一个事实。

对于上例的分析

可以说这个例子中的教师是因为过于体谅学生的心情而导致了失败。如前文所述，教师要尝试去理解和体谅学生的心情，这样做可以给他们带来安慰。尽管如此，如果教师的话一味迎合学生的心情，反而会让学生感到更加消沉。

教师可以先在一定程度上表示理解学生的心情，但随即应使用一些可以帮助学生转换思维的语言，使他们将负面情绪转化为正面情绪。有一部迪斯尼电影《小飞象》，讲的是一头耳朵很大的小象的故事。小象丹波因为自己的耳朵很大而感到自卑，但是老鼠蒂莫西却鼓励它说："耳朵这么大的话，应该可以在天上飞了吧？"小象丹波听后就真的利用它的大耳朵在空中飞翔了。

可以说蒂莫西的鼓励正是帮助丹波转换思维的关键。因此，当学生出现不安、自卑等情绪时，教师应帮助他们转换思维、改变视角。只有这样才能让学生感受到来自教师的真心帮助。

Before(以前)

（A 坐在走廊里哭泣）

😊 师：怎么了？

😶 生：总是和朋友吵架，我这个人真是一无是处啊。

😟 师：是吗？你一定很伤心吧？

生：也许今后我也交不到朋友了……

师：你一个朋友都没有吗？ 鼓励的语言 4：察觉法

生：不，在其他班级有。

师：那就不能说你和任何人都不能好好相处吧？

生：嗯……是啊。

师：虽然你现在非常伤心，但反过来说伤心就代表你很想和朋友好好相处。如果你觉得友情无所谓的话，就不会伤心了。 鼓励的语言 5：视角转换法

生：嗯，我想和朋友好好相处……

师：你能够体谅他人，也有行动力，最近你不是也帮忙把笔记本分发给大家了吗？

生：但是我和别人不一样，我没有什么特长……

师：这不是很好吗？ 鼓励的语言 6：进一步否定法
什么都擅长的人根本无法理解那些没有特长的人的心情，但是你能够理解。交不到朋友、没有特长，虽然现在想到这些你会觉得很痛苦，但是你的内心却因此而变得越来越细腻。可能你现在没有交到朋友，但是之前也交过朋友啊。而且你现在也在不断成长，慢慢来，今后你一定能交到很多朋友的。

生：这样啊……（听了老师的话，觉得心情好一些了。）

师：你可以再哭一会儿，整理好心情就回教室吧。

生：好！

察觉法

198

察觉法的定义 把目光投向"目前具备的优势"

如果总是关注"缺少的东西",人就会变得非常焦虑。就如同一个人一直在寻找缺少的那一块拼图,他会时常因此感到急躁和焦虑。察觉法可以帮助学生学会关注"目前具备的优势"和"现在能够做到的事"。

察觉法的例子

生:朗读大会能不能顺利进行呢?有点儿担心啊……

师:你每天都努力地坚持练习了吧?

生:嗯。(这么说来,我的确是一直都挺努力的……)

师:每天坚持练习不是一件容易的事,要对自己有信心!

察觉法的用语

- 你具有……
- 虽然这么说,但是……吧。
- 试着发挥你在……方面的优势吧。
- 你好像没注意到,其实……
- 其实你……
- 你在……方面有才能。

鼓励的语言 5

视角转换法

视角转换法的定义　就像把硬币翻面一样改变看问题的角度

硬币一定有正反两面。即使是同一事物，也会像硬币的正反面一样看起来有所不同。同样，即使目前正处于困境，也可以改变视角来看问题，这样你就会发觉："从不同的角度来看问题，会有不同的发现。"

视角转换法的例子

生：昨晚因为紧张而一直睡不着……

师：昨天没睡好呀？那说明你想要认真地做好这件事。

生：是吗？确实是这样。

视角转换法的用语

- 换言之，就是……吧。
- 这也是……的好机会呢。
- 这恰恰证明了你很……
- 确实下降了，但从现在开始就会触底反弹了。
- 那件事也可以这样认为吧……
- 反过来说，是……吧。

进一步否定法

你具有良好的专注力。

但是我在集中精力时就注意不到周围的情况了。

正因如此，才说明你的专注力非常好啊。

进一步否定法的定义 教师否定学生的谦虚说法

语言重构的理论（详见第217~220页）指出学生有时会谦虚地对自己的优点表示否定，而教师可以通过进一步否定来说服学生相信自己的确具备教师提及的优点。为了帮助学生克服不自信的想法，请多"否定"他们吧。

进一步否定法的例子

师：这说明你是想要进步的。

生：但是成绩完全没有提高……

师：并不是这样的！这次考试的分数或许没有变化，但是后面再进行其他考试的话，你的分数说不定就提高了呢。

进一步否定法的用语

- 即使那样也没关系。
- 这种心情其实很重要。
- 你这样想很奇怪。
- 不要这么否定自己。
- 你是这么想的啊，但我不赞同你的想法。
- 这样不是很好吗？
- 那才是事实，不是吗？

案例 16 | 当学生因考试而感到不安时

Before(以前)

（临近考试时）

师：A，你已经到学校了啊，明天就考试了。

生：是的……

师：别担心，能合格的！你绝对没问题！

生：啊……（老师这样的期待对我来说就是压力，真焦虑啊……）

▶ 思维转换的要点

> 教师不要只关注结果，而要促使学生行动起来。

对于上例的分析

在这个例子中，即使教师说"你能合格"，可学生却不知道具体要做什么，因此很难接受教师的鼓励。如果教师只注重说结果，学生就会不知道具体要做什么，有些情况下这种鼓励的效果是非常有限的。因此，教师不要只关注结果，而是要敦促学生进行具体的行动。

比如，进行足球比赛时，教师就可以说："上次比赛我们进了 3 个球，那这次比赛就争取进 4 个吧！"对于因为记不住英语单词而苦恼的学生，可以告诉他们："争取先记住 5 个单词！"而对于那些记不住汉字的学生，可以告诉他们："先记住汉字的拼音。"

教师最好敦促学生做一些他们能够做到的事情，也就是那些他们听到具体要求后也许会想"只做这些简单的事就可以了吗？"之类的事。

如果教师能用非常具体而形象的语言描述学生们应该做的事情，就可以提高他们的积极性。因此，教师尽量使用清晰明确的语言来举例说明想要学生进行的具体行动。这样，学生就可以明确自己应该做的事，也会变得更加积极努力了。

After（之后）

🙂 师：A，你已经到学校了啊，明天就考试了。

😟 生：是的……

🙂 师：你一直都在认真复习吧？明天先从会做的题目开始认真答题！就像平常一样认真对待就可以了，没关系的。**鼓励的语言 7：劝诱法**

生：好的……（是啊，先做那些会做的题目吧。）

师：你一定没问题的，考试会很顺利的。

鼓励的语言 8：肯定法

生：好！（嗯，加油！）

鼓励的语言 7

劝诱法

你想提高汉字考试的成绩吧？那么首先就要练习那些你不熟悉的字。你能做到的，试试看。

好！

嗯，我要试试看。

劝诱法的定义　让学生产生积极努力的热情

　　教师提出具体的行动，并让学生认为自己"能够做到"。但要注意的是教师提出的具体行动不要超出学生的能力范围，最好提出那些学生容易做到的事。

劝诱法的例子

👦 师：失败也没关系。一起来试试吧！

🧒 生：好！

劝诱法的用语

- 从小事做起吧！
- 一点点就好，试试看吧。
- 慢慢来，总有一天会走上一条大家认可的道路！
- 只有一点也可以，思考一下吧。
- 做一下开心的事吧！
- 只要做到……就可以了。
- 试着一步一步地开始行动吧。
- 稍微努力一些吧。

鼓励的语言 8

肯定法

肯定法的定义　通过肯定学生能力的语言让学生拥有自信

　　教师应对学生讲一些简短且富有鼓励性的话，这样可以使他们更自信。句末的语气要增强，并饱含真心鼓励与支持的感情。请把带有正能量的语言传达给学生们吧。

肯定法的例子

师：没关系！回想一下你一直以来所付出的努力！

生：嗯！努力试试看！

师：对，就是现在这样的状态！

肯定法的用语

- 绝对可以的！
- 好棒啊！
- 一定会顺利的！
- 我相信你！

- 一定能做到！
- 那么，走吧！
- 你能做到！
- 你要相信自己！

案例 17 | 当社团活动的比赛即将开始时

Before(以前)

师：明天就要举行社团活动的正式比赛了，加油！

生：好的！

师：别忘了把比赛结果告诉我，希望一切顺利。

生：唉……（怎么可以这样呢？难道比赛和老师没关系吗？）

▶ 思维转换的要点

> 在活动开始前教师要表现出对学生的支持。

对于上例的分析

教师在活动开始前如果对学生表示支持的话，就是对学生最大的鼓励。"你一定能做到！"教师可以通过这样的语言让学生变得更有积极性。这种鼓励的语言会让学生认为"老师是他们的同伴"，让他们能够安心地发挥出自己的水平。另外，学生在活动开始前或许是由于过于全身心投入，紧张的心情一直得不到放松。为了让学生缓解压力，身心得到放松，教师可以讲一些令他们容易放松的亲切的话。但不要过于冗长，尽量用简洁且学生们能够理解的语言，这样就如同是在背后轻拍了他们一下，说上一句"支持和鼓励的话"。为了促使他们迈出新的一步，请对他们说一些鼓励的话语吧。

After（之后）

师：明天就要举行社团活动的正式比赛了，加油！

生：好的！

师：老师支持你！要对自己有信心啊！

鼓励的语言 9：加油法

生：嗯！（哇，老师也支持我啊。）

师：一定会得偿所愿的，好好享受过程吧！

鼓励的语言 10：减压法

生：嗯！（说得对，开心一些，加油吧！）

鼓励的语言 9

加油法

我会一直给你鼓劲的!

好!

嗯,我要努力了!

加油法的定义 教师向学生表示对他们的支持

教师应该对学生说一些鼓励的话，在鼓励之后加上一些表示强烈支持的话，促使学生能够真正迈出第一步。

加油法的例子

师：你要对自己有信心！

生：嗯！

师：你一定没问题的。

加油法的用语

- 我会一直在你身边支持你的。
- 努力加油吧！
- 明天能做到就好了！
- 奋斗！

- 加油！加油！
- 要全力以赴啊！
- 尽全力拼搏吧！
- 前进！

鼓励的语言 10

减压法

减压法的定义 帮助学生缓解压力，让他们能够保持积极向上的态度

　　学生有时虽然态度十分积极，但内心的紧张感却一直没有得到缓解。因此，教师要帮助他们缓解压力、放松心情，让他们能够以平和的心态来专心做事。

减压法的例子

🧑 师：出错也没关系。

👦 生：嗯！（那就不要顾虑太多，开始做吧！）

🧑 师：轻松一点儿，没关系的。

减压法的用语

- 慢慢来。
- 一定会如愿以偿的。
- 不要勉强。
- 轻松地做吧。

- 不用太紧绷，放轻松。
- 放松点儿。
- 放松心情。
- 别紧张，和平常一样就可以！

专栏 三

语言重构

　　就像硬币有正反两面一样，每种性格都可以用两种视角来看待。也就是说，性格中的缺点也可以被看作是优点。因此，教师不要把学生性格中的一些特征当成是缺点，而是要当成优点。如果教师能够帮助学生利用好这些优点的话，他们的能力就会不断提高。

　　例如，假设有一个神经质的人，评价他为"神经质"是从负面的角度看待他的性格特征。但是也可以将这种性格特征看作是"做事细致"。像这样，教师也可以将负面的语言全部转换成正面的语言来传达给学生。

　　首先试着写出自己的缺点，然后尝试从正面的角度来看待这些缺点。这样就会觉得自己稍微有些勇气了吧？

　　我们将改变看待问题的着眼点和角度的方法称为"重构（reframing）"。frame 的词义是"框架"，而突破思维框架的方法就是"重构"。如果学生的思维框架并不可取，教师就要帮助他们在思维方式上进行重构。

【 语言重构示例 】

神经质→做事细致认真

任何事都拜托他人→能够信赖他人

做事冲动→行动力强

纠缠不休→有韧性

任性→有信念

冒失→执行力强

性急→有爆发力

爱讲道理→有逻辑性

粗枝大叶→落落大方

慢腾腾→做事细致

没有计划性→随机应变

家里蹲→学者气质

坐不住→有热情

毫无顾虑→积极的

顽固→讲究规矩

强硬→有领导力

顽固→意志坚强

冷淡→有个性

胆小→慎重

冷漠→警惕性强

呆板→沉稳

三分钟热度→好奇心强

沉默寡言→衬托他人、成人之美

爱偷懒→做事能够抓住要领

沉默寡言→稳重

内向→气质优雅

容易失落→感性

优柔寡断→慎重

话多→性格开朗

蛮横无理→直率

不识趣→性格刚强、有骨气

邋遢→不拘小节

毛躁→做事效率高

容易得意忘形→容易投入

不死心→有韧性

爱管闲事→乐于助人

不风趣→认真

独来独往→独立

爱生气→性情中人

说话直→坦率

冒失鬼→有行动力

处世圆滑→善于社交

冷淡→冷静

总是羡慕他人→能够认可他人

没主见→配合度高

做事冲动→行动派

傲慢→有领导力

马虎→不拘小节

性格古怪→有个性

土气→朴素

不会拒绝→尊重对方

爱开玩笑→能给他人带来乐趣

- 表扬
- 批评
- 提问
- 鼓励
- 反向激励

第五章

反向激励的语言

何谓反向激励的语言

"在教导学生时所运用的语言当中，反向激励的语言具体指的是什么呢？"很多读者或许对此并不了解。

一提到反向激励的语言，很多教师大都是对其持否定态度的，认为这种语言是为了调侃或刺激对方。但是如果能出色地运用好反向激励的语言，学生的状况就会发生戏剧性的变化。不过即便是能够熟练地运用好教导语言的教师，也很难熟练地运用反向激励的语言。

很多学生都有性情乖僻的一面。比如，当教师说"做吧"，学生却说"不想做"。相反，如果教师说"不要做"的话，有时学生就会说"我就做"。所谓的反向激励的语言就是利用了学生的这种性格特征。

例如，如果教师对因忘记写作业而想蒙混过关的学生说："你以后不用做作业了。"他就会哭着说："对不起，以后我一定写作业。"如果有一个看似很轻松就能解决的问题，教师却对学生说："这对你来说太难了。"学生就会有些生气地说："我可以解答！"

就像上面的例子，教师要敢于对学生使用比较消极的语言，这样反而能够激发学生的积极性。教师可以一边抱有使学生进步的期待，一边通过适当的表演来实现对他们的反向激励。

　　如果反向激励的语言能够发挥作用，学生的能力就会快速提高。但是如果使用不当的话，就有可能给学生的内心带来伤害。因此，教师在使用反向激励的语言之前，首先需要评估自己与学生之间的关系如何。如果在表扬与批评都进行得并不顺利的情况下，却仍要使用反向激励的语言，那么这种做法就是不可取的，有可能会使学生误解为"这些话就是教师的真实想法"。可以说反向激励的语言是教导语言的高级技巧。教师在能够熟练运用之前，请一定要谨慎使用。

反向激励的语言的要点

师：接下来做计算练习，非常简单。

生：这些题太简单了。老师，我做完了。

师：做完的同学请再重新思考一下。

生：好。（总觉得好无聊啊。）

在使用反向激励的语言时，请注意以下几个要点：

1. 将简单的事情说得困难一些

教师可以故意在描述简单的问题时说："这个问题非常难。"对于所有学生都知道的事情可以说："大家应该不知道。"这样就能让学生体会到一种达成后的成就感。

2. 语气不要太强硬

教师在使用反向激励的语言时，语气不能太强硬。教师在讲话时需要一些演技，重点是语气要轻松。在讲话时抑制住内心的兴奋，要表现得严肃认真，语言婉转。

3. 结尾一定要表扬

反向激励、惊讶、表扬的语言应一同使用。在说完反向激励的话后，如果不使用表扬的语言，反向激励的语言就只能表现出教师对学生的挖苦和讽刺了。

"果然是不行啊"→"做好了！"→"是吗？！已经做好了吗？！太棒了！"

如果像上面这样来使用反向激励的语言，就一定会激发学生的热情，学生也会感到喜悦。

After（之后）

师：今天的练习题非常难啊。对大家来说，做这么难的题还是太早了吧。

生：很简单哦！已经做好了。

师：是吗？！已经做好了？！怎么可能呢！

生：呵呵。

师：真的呀，真是天才啊，太棒了！

提升反向激励语言的水平
需要演技和幽默

　　教师越是经常使用反向激励的语言，学生就越能积极地挑战困难。在使用反向激励的语言时，需要教师具备一定的演技。而这对于那些原本就十分风趣幽默的人来说并非难事。比如，对于具有"自由奔放、孩子般的性格"的教师（详见本书第二章）来说，比较容易做到对学生进行反向激励。

　　反向激励在某种意义上来讲是一种谎言。有时教师的谎言可以激发学生的积极性，提高他们的主动性。如果教师本来就擅长使用一些善意的小谎言，或习惯与学生开玩笑的话，就更容易将本章的方法应用到日常教导中去。但是对于那些平日里就非常严肃认真的教师来说，如果想要做到轻松应用本章的方法则需要练习。

　　因此，严肃认真的教师们就更需要努力了。努力让身边的人开心，通过开玩笑等方式来活跃气氛吧。让我们尝试掌握能够让学生身心放松的方法吧。

　　大家可以通过以下的活动来练习。

- 在指导方案中写一些反向激励的话。
- 边照镜子边练习。
- 和同事开玩笑。
- 和家人开玩笑。
- 每天逗他人笑一次。
- 看搞笑节目。

案例18 | 当学生解答问题的速度比较慢时

Before(以前)

师：请同学们做这10道题。

生：嗯。老师，要做10道题吗？

师：是的，别担心，很简单。

生：真多啊……

师：没问题的，这些题不是很难。

生：老师，我做完了。

师：请稍等一下。

生：好。（真无聊啊……）

▶ 思维转换的要点

教师可以利用学生性格中乖僻的一面。

对于上例的分析

在上述例子中，教师将"能轻松做到的事"说成了"简单的事"。这样讲虽说是理所当然，但并不适合激发学生的积极性。

为了让学生变得更加积极主动，教师可以尝试将那些学生能够轻松做到的事说成是非常困难的事。对于一些活动，教师可以用否定的方式对学生说："这个你应该做不到吧？"这样会使学生产生"想要挑战一下"的想法。

例如，在刚刚开始学习植物知识的时候，教师可以说："我觉得你们没见过这种植物。"边说边拿出蒲公英。这时学生们就会大声说："我见过！"

教师可以利用反向激励的方式来安排学生做一些他们已经具有一定经验的事，或者采取欲言又止的方式也不错。学生通常会很关注后续的内容，他们会要求教师继续说下去："让我们听听之后的内容吧！"教师还可以通过佯装不知、制止等方式将学生的注意力吸引到学习上来。无论哪一种方式都可以将其应用到课前导入中。

After（之后）

🙂 师：那么……这个……还是算了吧。

> 反向激励的语言 1：欲言又止法

🐭 生：嗯？什么？

🙂 师：……要试试吗？

🐭 生：嗯，试试看！

🙂 师：我想大家或许已经忘了计算的方法了，这是一道 2 位数乘法的笔算题。

🐭 生：我们还记得！

🙂 师：现在给大家发资料，时间为 5 分钟，能做多少就做多少吧。一共有 10 道题，大概没人能做完。

> 反向激励的语言 2：佯装不知法

🐭 生：可以做完的！

🙂 师：不，就算是你们，10 道题也是做不完的，最好还是放弃吧。 反向激励的语言 3：制止法

🐭 生：能做完！我们要试试看！

🙂 师：是吗？那就试试看吧。准备，开始。

🐭 生：……做好了！

🙂 师：啊？！难以置信啊。

🐭 生：我也做好了！

师：那接下来我在黑板上写第二个习题，还是能做多少就做多少。

生：第二个也做好了！

师：太厉害了！真快啊！

反向激励的语言 1

欲言又止法

我接下来要说一件非常重要的事。

是什么呢?

算了,还是下次再说吧。

啊?!

太好奇了!我想听!

欲言又止法的定义　想说一件事，却又装作不想说了

教师刚要说某件事，却又决定不说了。但学生很想知道下文，因此会更加聚精会神地听。这种方法非常适用于需要向学生传达重要的事情时，它可以帮助教师有效地吸引学生的注意力。

欲言又止法的例子

师：那么……嗯，今天还是算了吧。

生：哎！为什么？我想听！

师：……真拿你没办法啊，那就稍微讲一些吧。

欲言又止法的用语

- 其实……嗯，还是算了。
- 说这些话也没用啊。
- 没什么。
- 虽然我曾经沉默过，但是……哎，还是算了吧。
- 就当没听到吧。
- 跟大家说了也没用啊。
- 就当没看到吧。
- 对大家来说还太早了。

反向激励的语言 2

佯装不知法

我想大家应该没见过这个。

这个叫作三角板！

早就知道呀！

佯装不知法的定义　　教师装作不知道学生所了解的或能够做到的事

对于那些学生们所了解的或能够做到的事，教师可以装作完全不知道的样子。这样学生应该会生气地反驳："我知道！"之后当学生做到了这些事情时，教师再通过惊讶的表情来增强他们的自信心。

佯装不知法的例子

师：我想你们应该不会写，"日"字是这样写的。

生：已经会写这个字啦！

佯装不知法的用语

- 我觉得你们应该没听过。
- 我觉得大家都不知道，所以先说明一下。
- 我想大家因为是第一次看到，所以会很吃惊吧……
- 我觉得你们没做过这样的事吧……

反向激励的语言 3

制止法

制止法的定义　教师在某一行动开始前就采取阻止的态度

如果教师在学生开始进行某项行动前就采取阻止的态度，学生反而会勇于挑战。这种方法适用于那些看起来似乎很难，但实际上却能够轻松完成的事。

制止法的例子

生：我最近在读《哈利·波特》。

师：这本书很难啊，你能看得懂吗？

生：能看懂啊！看，我已经看了 100 页了！

师：啊，好厉害啊！

制止法的用语

- 那是非常困难的。
- 即使是成年人也很难做到。
- 不可能吧。
- 不可能做到。
- 我觉得你做不到。
- 这道题不用做了，因为是初中生水平的。

案例 19 当学生换衣服的速度较慢时

Before(以前)

（当发放午餐的学生需要换好衣服并站成一列时）

师：我去拿餐，请大家换好衣服并站好队吧。

生：好。（啊，还要换衣服真是麻烦啊。）
　　喂，昨天家里发生了一件事……

师：太慢了！你看看用了多长时间了？！

生：可是其他人也很慢啊。（其他人也都很慢，就算我
　　速度快也没有意义啊。）

师：就是因为你们觉得自己慢一点儿也没关系，所以
　　大家都迟到了！

生：（真是的，老师真是啰嗦……）

▶ 思维转换的要点

教师将学生需要克服的困难标准设定得高一些。

对于上例的分析

在上述例子中，大家需要很长时间才能换好衣服、排

好队。早早就做好准备的学生要等着那些拖拖拉拉的学生。这也是每当需要做一些准备活动时常会出现的问题。

学生做事没有干劲的时候，往往都有一个共同点，那就是"没有目标"。如果没有目标，学生就不清楚要以什么为目的来完成某事。因此，教师需要设定一个基准线作为学生活动的目标。

在上述例子中应将目标设定为"时间"。首先，教师需要将目标设定在学生能够达成的范围内。其次，教师在向学生传达评价标准时，可以将标准说得高一些。

为了促使学生产生想要挑战目标基准线的想法，教师在向学生传达基准线时可以反复使用这样的话术："做到这些事是理所当然的"，"某年级的学生就能做到这些"。

After（之后）

（当发放午餐的学生需要换好衣服并站好队时）

师：我去拿餐，请大家换好衣服并站好队吧。

生：好。

师：其实我昨天计算了大家换衣服和排队所用的时间，一共用了 6 分钟哦。哎，你们的速度太慢了。

反向激励的语言 4：叹气法

生：……

师：3 年级学生似乎只要 3 分钟就能够换好衣服出发了。

你们是 4 年级学生，需要几分钟才能完成呢？

反向激励的语言 5：基准法

生：2 分 50 秒。

师：那是当然，我觉得怎么也要比 3 年级的学生快吧。

反向激励的语言 6：理所当然法

一年的成长只快了 10 秒啊，哎。

生：不，2 分钟就可以了！

师：2 分钟不是做不到吗？

生：不，可以的！

师：好，那就挑战一下吧，我用计时器给你们计时，

预备，开始！

生：（必须要在 2 分钟内换好衣服！）

反向激励的语言 4

叹气法

谁能说一下今天的感想？

只有一半左右的同学能说吗？同学们发言的积极性不高啊。哎，真是太不积极了。

真是的！下次要努力了！

叹气法的定义　　教师向学生表现出对他们失望的心情

这种方法是通过教师表现出的失望来激发学生们的积极性。教师和学生之间的信赖关系越强，效果就越好。教师可以尝试着使用一些挖苦的话来激起学生的热情。

叹气法的例子

生：我已经做好回家的准备了！

师：啊，真遗憾啊，好像还落下了什么东西吧……

生：嗯?（啊，没戴帽子！）

叹气法的用语

- 还差一点啊。
- 不是偶然吗?
- 我觉得是偶然。
- 啊，是侥幸吧。

- 很遗憾……
- 好难过啊。
- 你在想什么?
- 真是想不通啊。

基准法

据说全国最优秀的班级中全体同学起立只需要 5 秒钟。哎，这对于大家来说或许太困难了，还是算了吧。

我们想试试！

一定要让老师看看我们是能做到的！

基准法的定义 教师将学生能够达到的基准说得难一些

教师应给出具体的基准，让学生清楚到底要做到什么程度才可以。可以告诉学生具体的数值或举例向学生说明，以此来激发他们的上进心。在设定了目标基准后，学生往往会努力超越它。

基准法的例子

师：如果这 10 个问题中能够解答出 5 个的话，就说明你达到了 3 年级学生的水平。

生：完成了 6 道题！

师：已经达到 4 年级学生的水平了！好厉害啊！

基准法的用语

- 这些事，幼儿园的孩子就可以做到，而你们是中学生了，请问你们的目标在哪里？
- 全国最优秀的班级好像能达到这个水平。
- 我们的目标是保持安静，安静到可以听到换气扇的声音。
- 声音再大一些，争取让站在走廊上的老师都能听到。

理所当然法

准备好，要拍了……拍好了！

这个时候要说"谢谢"，这是最基本的礼貌。

谢谢！

糟了，忘记了！

理所当然法的定义　教师告诉学生做到哪些事情是理所当然的

　　教师要告诉学生做到哪些事情是理所当然。通过告知学生这些理所当然要做到的事情，促使他们形成"必须要认真对待这些事"的态度。但需要注意的是，如果教师用非常强硬的语气来告知学生，就会招致学生的反感，因此需要使用简单明了且亲切的语言。

理所当然法的例子

（当被指定为值日生的学生迟迟不站到教室前面时）

师：通常值日生要站在教室前面指挥大家。

生：啊！（忘记了！）大家请坐！

理所当然法的用语

- 能正确回答这 10 个问题是理所当然的。
- 当然，我觉得写 5 行是没问题的。
- 得 90 分的话，说明水平很一般。
- 大家都举手了，是因为这个题目昨天已经做过了啊。
- 大家确认不了也很正常。
- 朗读时把嘴张大是理所当然的。

案例 20 当学生朗读不发出声音时

Before(以前)

（朗读时）

师：怎么不发出声音呢？

生：……

师：嘴再张开一些，发出声音。

生：好。

师：请再读一遍。

生：……在宽广的大海的某个地方，一些小鱼……

（朗读结束后）

师：（完全没有变化啊，不过就算如此也要表扬一下。）

有点儿进步了！

生：（什么呀？做到这种程度就可以了吗？）

▶ **思维转换的要点**

教师只让表现好的学生进行某项活动。

对于上例的分析

如果大家一起进行某项活动的话，就一定会出现偷懒的学生。混在很多人当中的话，即便是偷懒也不会被发现。据说在拔河时，相较于参加人员较少的情况，参加人员较多时每个人的力量都会减弱。这种现象被称为"林格尔曼效应"。此外，如果在偷懒的状态下仍然受到夸奖的话，学生就会觉得偷懒也没关系。

因此，即便是一些小小的偷懒，教师也不能忽视。如果教师感到大家都有些松懈时，就可以问："有人愿意做示范吗？"或者由教师来指定做示范的同学。然后，只让能够做示范的学生来进行该项活动，并让其他同学观看。如果只让某个同学做示范的话，其他学生就可以看到这个学生充满活力的表现，全班学生也可以直观地理解活动的理想标准是什么样的。做示范的学生也会因为受到教师和同学的认可而提高自信心。而且也可以激发那些在一旁观看的学生的积极性，他们在观看后会产生"要像那位同学一样努力"的想法。

这种方式可以让学生在脑海中形成具象的活动目标。教师可以试着通过这种方式来促进全体学生的进步。

After（之后）

（朗读时）

🧑 师：没有发出声音啊，朗读时被老师拍到肩膀的同学
　　　请站起来。 反向激励的语言7：点名法

🧑 生：是。

🧑 师：这位同学在朗读时声音非常洪亮，请你再读一遍。

🧑 生：在宽广的大海的某个地方……

🧑 师：非常好。还有其他同学和这位同学的朗读水平相
　　　近吗？好，请举手的同学站起来读一遍，你自己
　　　读就可以了。

　　　反向激励的语言8：示范法

🧑 生：好！

（朗读结束后）

🧑 师：读得非常好，声音也很好听。其他同学也要努力
　　　读到这个程度，加油吧！

🐭 生：（哇，他们都好厉害啊……我也要加油了！）

248

反向激励的语言 7

点名法

A 同学，请你和大家打个招呼。

好！早上好！

其他同学也要像 A 同学一样，声音洪亮地打招呼。大家还要再努力一些啊。

嗯，要努力了！

点名法的定义　教师指定某位同学进行某项活动

　　教师指定某位学生为其他同学做示范。如果大家能一起讨论一下做示范的学生在活动中所表现出的优点就更好了。

点名法的例子

师：刚刚在练习倒立时，老师拍了某位同学一下，现在请那位同学再给大家示范一次。

生：好！

点名法的用语

- 1号车的同学单独做一下这个活动。
- 请第二组的同学起立，做个示范。
- 请全体男同学起立，做个示范。
- 请 A 同学、B 同学和 C 同学做一下示范。

反向激励的语言 8

示范法

示范法的定义　只请做示范的同学来进行某项活动

　　示范法是指教师找到可以作为榜样的同学，让他给大家示范某项活动，其他同学观看。通过这样的方式给全班同学留下直观的印象。教师要督促其他同学以此为目标，努力达到和他一样的水平，这样可以促使全班同学共同进步。

示范法的例子

　师：有哪位同学一个人就能做到？

　生：我可以！

　师：那就请举手的这位同学做一下。

示范法的用语

- 哪个小组的同学可以发表一下观点？
- 认为自己做得很好的同学站起来。
- 觉得已经做好了的同学请坐下。
- 哪位同学想尝试一下？
- 请态度端正的同学单独来做一下。
- 哪位同学是我们学习的榜样？
- 请有干劲的同学站起来。
- 请有自信的同学站起来。

案例 21 | 当学生无法表达自己的想法时

Before(以前)

（看完视频后）

师：关于刚刚看过的视频内容，哪位同学能说一下自己的感想？

生：……

师：是不是有点难啊？

生：……

师：我知道大家回答问题都比较紧张，不过还是要勇敢一些啊。

生：……（感觉举手越来越难了……）

师：说一说吧，不要害怕失败！

生：……（绝对做不到！）

▶ **思维转换的要点**

用风趣幽默的语言来追问。

对于上例的分析

学生不举手回答问题是由于教室里的氛围太压抑了。当气氛变得不自然时，学生的能力就很难发挥出来，此时教师可以通过风趣幽默的语言或者通过比喻来缓解一下紧张的气氛。

此外，在教导学生时教师还可以先假装要说很长时间，然后迅速地结束话题。这样，那些认为"老师又要说教"的学生也就松了一口气。教师像这样中途停止的话，可以使学生产生"蔡格尼克记忆效应"，即相较于已经处理完的事情，人们对于尚未处理完的事情的印象更加深刻。应用此效应，学生更容易记住教师的教导。

如果电视剧中出现"下周继续"这样的提示，并且在精彩之处结束的话，人们就会在意节目的后续内容，也更容易记住节目的内容。同样的道理，如果教师在教导中突然结束话题的话，可以让学生在松一口气的同时开始思索。

另外值得注意的是，教师使用风趣幽默的语言来教导学生后，学生的错误行为或许仍会反复出现。有时风趣幽默的教导语言会成为教师给学生们的"报酬"，反而会强化他们的错误行为。

如果学生的错误行为持续下去的话，教师可以暂时无视他们的行为，等待这些行为自行消失。

After（之后）

师：哪位同学能够解答这个问题？

生：……

师：大家都不举手，是什么都说不出来吗？

生：……能说出来。

师：嗯，那可真是不可思议了。我猜这样的同学中一定有人在家里让父母喂饭。

反向激励的语言 9：奇怪的比喻法

生：啊，没有啊。

师：为什么不让父母喂饭呢？

生：太难为情了。

师：是啊，自己能做到的事情却不做，这确实令人难为情。那举手回答问题也是同样的道理，能做到这件事还是做不到呢？

生：能做到。

师：是啊，同样是能做到却不做的事，难道它就不会让人感到难为情吗？可能因为这样的同学不想进步吧，真是的……现在可以回答了吗？

反向激励的语言 10：中途结束法 再问一次，哪位同学能发表一下自己的看法？

生：（呵，老师的牢骚终于结束了。不过老师说得也对，能做的事就必须去做。）

奇怪的比喻法

离开座位时不把椅子摆放好的人和上完厕所不擦屁股的人是一样的。

啊！老师的比喻可真有趣。不过下次我可得注意了！

奇怪的比喻法的定义　　通过较为奇怪的比喻来提醒对方注意

由于比喻的内容较为奇怪，因此可以在缓解紧张气氛的同时提醒学生注意。具体应该使用什么比喻，教师可以在日常进行积累，运用起来就会比较顺畅。比如，就教导的内容可以想象一下：如果比喻成其他事的话，与什么较为相似呢？

奇怪的比喻法的例子

师：写得漂亮一些，写出能让书法家都感到吃惊的字吧。

生：老师，写好了！

奇怪的比喻法的用语

- 声音要达到像大象哭泣时那么大的音量。
- 声音要达到能把窗户震得嘎啦嘎啦响的程度。
- 速度要像螳螂那么快。
- 速度要达到像袋鼠出拳时一样快！
- 快点写，要达到笔尖都被磨得冒烟的速度！
- 太慢了，像蜗牛一样行动缓慢呀。
- 你现在很危险，就像是要从悬崖上掉下去一样。
- 你现在很危险，就像是要从飞机上掉下去一样。

反向激励的语言 10

中途结束法

真是的，体谅朋友通常是一年级的学生都能做到的吧……算了，就说到这儿吧。

啊，老师的牢骚终于发完了，今后我可要注意了！

中途结束法的定义　在说教的中途停止

　　学生原本以为教师打算发很长时间的牢骚，没想到却在中途突然停止了。这样，学生就会在意后续的发展，反而会自己开始思考"该怎么做才好"。

中途结束法的例子

　师：不要在走廊里跑来跑去！真是的。算了，说得差不多了……不，说得有些过分了。我刚刚说的话，你别在意，还是忘了吧。

　生：（嗯，下次我得注意不能在走廊里跑。）

中途结束法的用语

- 通常，要做……算了，还是不说了。
- 这是仍未解决的问题……就这样吧。
- 从常识上看，是……的，算了，先不说了。没什么，这只是个一般的问题。
- 正因为如此，要……啊，算了，加油吧。

附录：确认是否掌握了教导语言的
使用方法和技巧

　　如果是已经掌握的方法和技巧，可以先在"以前"一栏里打钩。之后重点关注那些还未掌握的方法和技巧，通过实践掌握了以后就可以在"之后"一栏里打钩了。最终的目标是掌握所有的方法和技巧，并能做到运用自如。

表扬的语言

方法	定义	页	以前	之后
惊讶法	教师对学生的行为表现出惊讶			
夸张法	教师夸张地评价学生的行为			
意见法	教师向学生表达自己的意见			
比较法	表扬学生比以前做得更好了			
赋予价值法	通过给学生的行为赋予价值来说明优秀的理由			
传闻法	教师将从他人那里听来的对学生的评价告诉学生			
模范法	让某个同学成为模范，并让其他同学都注意到他的优点			
感谢法	教师向学生表示感谢			
令人高兴的比喻法	用比喻的修辞手法来夸奖学生的努力			
敬佩法	教师对学生表示敬佩之意			

批评的语言

方法	定义	页	以前	之后
无视法	教师对学生的捣乱行为采取无视的态度			
直接否定法	教师毫无表情地否定学生的错误言行			
取消法	教师取消某些活动			
怒斥法	教师用极其愤怒的态度对学生进行严厉的批评			
说教法	教师向学生说明批评的理由			
警告法	敦促学生获得他人的许可			
过度矫正法	针对学生的行为进行过度地矫正			
失望法	教师向学生表达对其感到失望的心情			
重视法	教师把重视学生的心情完全表述出来			
请求法	教师在表扬学生的同时，请求他遵守规则			

提问的语言

方法	定义	页	以前	之后
选择法	让学生从选项中确定目标			
想象法	让学生想象一下获得成功时的情景			
目标法	让学生思考活动的目标			
发现法	促使学生主动发现问题			
扩大法	教师继续对学生的回答进行详细的询问			
原因法	让学生思考产生某些问题的原因			
总结法	将所有的意见整合为统一的内容			
数值化法	让学生的自我评价数值化、具体化			
步骤法	确认某项活动的每个步骤			
反省法	让学生对自己的错误行为进行反省			

鼓励的语言

方法名称	定义	页	以前	之后
理解法	教师应该理解学生的心情			
示例法	将自己或他人的经历作为范例告诉学生			
倾诉法	教给学生如何表达情感			
察觉法	把目光投向"目前具备的优势"			
视角转换法	就像把硬币翻面一样改变看问题的角度			
进一步否定法	教师否定学生的谦虚说法			
劝诱法	让学生产生积极努力的热情			
肯定法	通过肯定学生能力的语言让学生拥有自信			
加油法	教师向学生表示对他们的支持			
减压法	帮助学生缓解压力,让他们能够保持积极向上的态度			

反向激励的语言

方法名称	定义	页	以前	之后
欲言又止法	想说一件事,却又装作不想说了			
佯装不知法	教师装作不知道学生所了解的或能够做到的事			
制止法	教师在某一行动开始前就采取阻止的态度			
叹气法	教师向学生表现出对他们失望的心情			
基准法	教师将学生能够达到的基准说得难一些			
理所当然法	教师告诉学生做到哪些事情是理所当然的			
点名法	目前教师指定某位同学进行某项活动			
示范法	只请做示范的某位同学来进行某项活动			
奇怪的比喻法	通过较为奇怪的比喻来提醒对方注意			
中途结束法	在说教的中途停止			

结　语

对于人的一生来说，童年时光是非常短暂的。在这段短暂的时期里，孩子们通常是多愁善感的，同时在这段时期里他们也学会了生存的方法。

有时教师的一句话可以让学生获得"努力的话就一定可以做到"的希望；相反，一句"无论什么都做不好"可能带给学生一生的伤害。因此，教师对学生讲话时，必须要慎重考虑。

我每天都在思考教师应当使用怎样的教导语言。大多数情况下，教室里只有教师和学生，因此教师只能自己去判断对待学生的措辞是否恰当，比如"这句话是不是说得有些过分？这样的措辞是否真的有效？"等。也正因为如此，教师学习教导语言的使用方法和技巧是非常有必要的，并且这是教师必须要掌握的技能。

我首先收集了各种教导语言。先从"表扬的语言"和"批评的语言"开始收集，并记录在笔记本上尝试使用。在使用的过程中，我发现了一个问题，那就是"即使改变了与学生交流的语言，有时在教导效果上也并未看到什么变化"。比如，把"你真棒"换成"不愧是你啊"或"你真厉害啊"，似乎对学生的成长与进步并未产生什么影响。因此，教师应该注重的不是如何增加自身的词汇量，而是如何提升自己运用教导语言的技能。

于是，我读了很多心理学方面的书，参加了各种研讨会，以此不断地扩充相关知识。我也逐渐明白了每个技巧确实都是有效的，只不过它们只能在特定的场合中产生作用。例如，漫谈的方法在与学生进行回顾时是有效的，但却不太适用于学生任性妄为的紧急情况；耐心指导对于把握学生的现状是有效的，但是在需要对学生进行严厉批评的情况下却是无效的；当学生表现出一些不良行为时，可以采用应用行为分析的方法，但是如果在培养学生自主意识时使用这些方法的话，却会起到相反的作用。

因此，教师必须要根据具体情况来综合运用各种语言技能。我认为有必要将这些方法和技巧的相关内容整理成一本书，并且在书中尽可能地列举大量的具体例子，以便能让更多的教师理解和掌握。

近年来我们常常会在新闻中看到教师体罚学生、过度教导学生等相关报道，也发生了一些学生在受到教师的指责后自杀的事件。导致这些问题的原因之一或许是教师仅仅使用有限的方法与学生沟通，并且使用不当。事实上，可以促使学生成长与进步的教导语言有多种形式。如果教师能够不断提高语言交流的技巧，教师和学生之间的关系就会变得越来越好，并且教师也能够逐步引导学生迈向幸福的道路。

衷心希望本书中的方法能够对学生的人生起到好的促进作用。

参考文献

鈴木義幸.『この1冊ですべてわかる　コーチングの基本』.日本実業出版社.2009

伊藤守.『コーチングマネジメント』.ディスカバァー・トゥエンティワン.2002

斎藤直美.『叱り方ハンドブック』.中経出版.2010

深澤久.『鍛え・育てる　教師よ!「哲学」を持て』.日本標準.2009

浦上大輔.『たった1分で相手をやる気にさせる話術PEP TALK』.フォレスト出版.2017

Ian・Stewart.『TA TODAY』.実務教育出版.1991

P・A・Alberto.『はじめての応用行動分析』.二瓶社.2004

島宗理.『応用行動分析学』.新曜社.2019

山口薫.『発達の気がかりな子どもの上手なほめ方しかり方』.学研プラス.2010